U0914388

《上海市家政服务条例》释义

上海市人大常委会法制工作委员会
上海市商务委员会
编

上海人民出版社

主　编

莫负春、许昆林

副主编

丁　伟、华　源、申卫华、赖晓宜

编委会成员

崔　凯、丁　贤、丁世显、孙嘉荣、
颜海燕、朱文群、贾明德

目录

前　言

《上海市家政服务条例》已由上海市第十五届人民代表大会常务委员会第十六次会议于2019年12月19日通过，并已于2020年5月1日起施行。《上海市家政服务条例》是上海市民生领域的一部重要立法，共7章43条，主要规定了家政服务人员、家政服务用户、家政服务机构的权利义务关系，政府、协会在规范家政服务活动、促进家政行业发展方面的责任和作用，以及为家政服务业发展增值赋能的一系列政策等。

为了深入宣传、学习和正确贯彻《上海市家政服务条例》，上海市人大常委会法工委会同上海市商务委员会组织编写了《〈上海市家政服务条例〉释义》，邀请相关领域的专家和部分参与立法的同志进行编著。本书坚持以准确反映立法宗旨和法规条款内容为基本要求，力求做到观点的权威性和内容解释的准确性。

希望本书能给广大读者进一步理解《上海市家政服务条例》提供有益的帮助。

第一部分　释　义

第一章　总　则

第一条　为了规范家政服务活动，维护家政服务各方的合法权益，促进家政服务业健康发展，根据本市实际，制定本条例。

【释义】　本条是关于立法目的和立法依据的规定。

家政服务是千家万户对美好生活向往的重要组成部分。党中央、国务院高度重视家政服务业的发展。习近平总书记指出“家政服务大有可为，要坚持诚信为本，提高职业化水平”。总书记还特别强调“家政服务是朝阳产业，既满足了农村进城务工人员的就业需求，也满足了城市家庭育儿养老的现实需求，要把这个互利共赢的工作做实做好，办成爱心工程”。李克强总理在国务院常务会议专题研究家政服务业发展工作时强调，家政服务业事关千家万户福祉，是一项一举多得的产业，要推动这一产业发展壮大、扩容提质。2018 年，我国家政服务业的经营规模达到 5 762 亿元，同比增长 27.9%，从业人员总量已超过 3 000 万人。上海市目前 800 多万个家庭中，正在使用或者有家政服务需求的家庭超过三分之一。随着社会分工日益细化，全面二孩政策推进实施，老龄化程度不断加深，多层次多样化家政服务需求持续呈刚性增长。家政服务业作为新兴产业，对于促进消费、改善民生、扩大就业有着十分重大的意义。

目前，国家层面尚未就家政服务专门制定法律、行政法规，但在家政服务业发展需求旺盛、社会各方广泛关注的情况下，上海作为改革开放排头兵和创新发展先行者，从上海市加快建设卓越全球城市的战略定位出发，借鉴发达国家和地区先进经验，制定《上海市家政服务条例》（以下简称《条例》）这一地方性法规，促进家政服务业发展，既是贯彻落实习近平总书记的重要指示精神和国务院的部署要求，也是落实以人民为中心发展思想的重要内容。

首先，本条明确了三个立法目的：一是规范家政服务活动。近年来，上海市的家政服务业在取得长足发展的同时，还面临着一些新情况和新问题，主要表现在：家政服务业从业人员职业化程度不高、能力素质还有待提升；家政服务市场存在无序竞争现象，行业自律不足，家政从业各方不合法、不规范、不诚信行为时有发生，个别负面事件的发生在社会上造成恶劣影响，人民群众对此反应很大，亟需通过地方立法的形式加以规范和监管。二是维护家政服务各方的合法权益。家政服务涉及家政服务人员、家政服务用户、家政服务机构等多方法律主体，现实中各方权利受损等情况并不鲜见，例如家政服务人员有反映休息的权利难以保障、身份证件遭到扣押等情况，用户有反映家政服务价高质次、家庭成员隐私信息被家政服务人员泄露等情况，家政服务机构则有反映家政服务人员享受入职培训、体检等福利后流动随意等情况。通过地方立法，可以明确家政服务各方权利和义务，有利于切实维护各方合法权益。三是促进家政服务业健康发展。上海市家政服务机构“小、散、弱”特征突出，专业化、组织化程度不高，连锁化、品牌化经营比例低，家政服务人员受教育程度普遍较低，人员流动性大，造成家政服务有效供给不足、群众满意度不高。在市场格局日益壮大、社会各方广泛关注的情况下，通过制定家政服务的地方性法规，从法律层面明确各项行业赋能政策，促进家政服务业产业化发展，走标准化、集聚化、规模化、连锁化、品牌化之路，有利于提升家政服务有效供给，提高家政服务质量，增强人民群众的获得感、幸福感、安全感。

其次，本条还明确了《条例》的立法依据。一般来说，《条例》的制定有两方面的依据：一是法律依据，二是现实依据。就法律依据而言，由于国家层面目前没有就家政服务专门立法，所以《条例》没有直接上位法作为立法依据。但是家政服务活动涉及家政服务人员、家政服务用户、家政服务机构等多方法律主体及相关民事活动，包括建立劳动关系、订立各类合同、提供家政服务等一系列活动和行为，这些活动和行为要受《中华人民共和国民法总则》《中华人民共和国劳动法》《中华人民共和国劳动合同法》《中华人民共和国合同法》等法律法规的调整，从2021年起还要受《中华人民共和国民法典》调整。本《条例》在立法过程中贯彻了上述法律法规的相关规定和立法原意，从这个意义上来说，上述法律法规是本《条例》立法的间接上位法依据。此外，商务部于2013年制定颁布了《家庭服务业管理暂行办法》，本次立法也参照了这一部委规章的规定。需要指出的是，2019年6月，国务院办公厅发布了《关于促进家政服务业提质扩容的意见》（国办发〔2019〕30号）（以下简称国办30号文），规定了三十六条具体的家政服务业发展支持政策和措施，以促进家政服务业提质扩容。这一文件也是本次立法的一个重要政策依据。就现实依据而言，上海市家政服务业的现状与短板、社会对家政服务的旺盛现实需求、人民群众对美好生活的向往，以及上海市在家政服务业管理实践中积累的一些成功经验与做法，都构成了本次立法的现实依据。

第二条　本市行政区域内，开展家政服务活动，以及促进家政服务业发展和规范家政服务活动的相关工作，适用本条例。

本条例所称的家政服务，是指以家庭为服务对象，进入家庭成员住所，提供保洁、烹饪、生活照护等各类满足家庭日常生活需求的有偿服务活动。

【释义】　本条是关于适用范围的规定。

一般法规的效力包含三个方面的含义：一是空间效

力，指法规所适用的地域范围；二是时间效力，指法规发生效力的时间范围，即法规何时生效、至何时失效、有无溯及力；三是对象效力，即法规适用于哪些主体。本条第一款明确了《条例》的空间与对象效力，其适用的地域范围是上海市行政区域内，其调整对象可以分为两大类：第一类调整对象是家政服务各方主体及其开展的各类家政服务活动。这既包括家政服务机构的业务经营活动，也包括家政服务人员的从业活动，还包括用户聘请家政服务机构或者人员提供家政服务的活动；第二类调整对象是市、区人民政府及其相关行政管理部门促进家政服务业发展和规范家政服务活动的相关工作。

本条第二款明确了家政服务的定义。科学、合理界定“家政服务”定义对于厘清《条例》的调整对象和适用范围至关重要。当前，尚未有法律法规对家政服务作出明确的界定，国办 30 号文规定“家政服务业是指以家庭为服务对象，由专业人员进入家庭成员住所提供或以固定场所集中提供对孕产妇、婴幼儿、老人、病人、残疾人等的照护以及保洁、烹饪等有偿服务，满足家庭生活照料需求的服务行业”。为了明晰家政服务的定义，保障《条例》有效实施，本次立法依据国办 30 号文，并根据社会上对家政服务的通常理解，结合上海市对家政服务业管理的实践，将家政服务的定义明确为“以家庭为服务对象，进入家庭成员住所，提供保洁、烹饪、生活照护等各类满足家庭日常生活需求的有偿服务活动”。该定义突出了家政服务的四个特点：第一，家政服务的对象是家庭；第二，家政服务的形式是上门入户服务。入户是家政服务的典型特征，但入户不等于家政服务仅限于在室内，代为遛狗、接送孩童上下学，属于上门后服务行为的延伸。《条例》将家政服务限定于进入家庭成员住所提供服务，对于在固定场所集中提供对孕产妇、婴幼儿、老人、病人、残疾人等的照护以及保洁、烹饪等有偿服务，则未纳入“家政服务”的定义，主要是考虑到机构养老、托幼、月子会所服务等在固定场所集中提供的服务，相对于进入家庭的家政服务来说更专业，由相关部门制定相应的法律法规予以调整更为适宜；第三，家政服务的内容主要是保洁、烹饪、生活照护等满足家庭日常生活需求的服务。为学生提供课程辅导的家教服务以及家庭装饰装修服务等，不是家庭日常生活的需求，不列入家政服务范畴；第四，家政服务的性质是有偿服务。义务的、无偿的，或者由政府支付的其他公益性服务，例如志愿者定期上门为老年人提供义务服务，则不属于《条例》调整范围。

需要说明的是，社会各方非常关注的“菲佣”问题，根据人力资源社会保障部 2017 年修订的《外国人在中国就业管理规定》第六条规定，用人单位聘用外国人从事的岗位应是有特殊需要，国内暂缺适当人选，且不违反国家有关规定的岗位。“菲佣”并不满足该条的要求，因此难以获得在华就业许可。2015 年，公安部发布了支持上海科创中心建设的系列出入境政策措施，上海出入境管理局制定了实施细则和工作规范，首次放开了外籍家政服务人员的在华工作许可，明确符合认定标准的外籍高层次人才(一类是拥有永久居留权的高层次人才,另一类是被市人力资源社会保障部门纳入科创职业清单的单位聘请的外籍高级专业人才,必须持有的是备注为 5 年长期居留许可)在获得永久居留资格或持有工作类居留许可后,可以申请为聘雇的外籍家政服务人员办理私人事务类居留许可。2016 年,公安部支持上海科创中心建设出入境政策的十条新措施出台,进一步放宽了聘雇外籍家政服务人员的限制,允许获得在华永久居留资格或持有工作类居留许可的外籍人才和港澳台高层次人才聘雇外籍家政服务人员,此类外籍家政服务人员可向上海口岸签证机关申请私人事务签证入境。

第三条　家政服务活动应当遵循自愿平等、诚实守信、安全便民的原则。

家政服务业的管理应当遵循促进行业发展、监管和服务相结合、平等保护各方合法权益的原则。

【释义】　本条是关于家政服务活动和家政服务业管理应当遵循的基本原则的规定。

本条第一款规定了开展家政服务活动应当遵循的三个原则——自愿平等、诚实守信、安全便民。家政服务活动是一种民事活动,根据《中华人民共和国民法总则》的规定,民事主体在民事活动中应当遵守平等原则、自愿原则和诚信原则。首先,自愿平等原则是对家政服务活动最基本的要求。家政服务活动中所涉及的各类民事主体，包括家政服务机构、家政服务人员、家政服务用户等，在法律地位上都是平等的，他们的合法权益受到法律的平等保护。家政服务活动中的民事主体有权根据自己的意愿，自主决定、变更或者终止家政服务的内容，并承受相应的法律后果。其次，诚实守信原则要求家政服务活动中各方都应该秉持诚实、善意，信守自己的承诺。例如，为了保护相对方的合法权益不受侵害，《条例》规定了家政服务人员与用户互负如实告知相关信息的义务等。最后，家政服务活动还应当遵守安全便民原则。家政服务是特殊的入户式服务，家政服务人员与用户接触密切。从保障用户安全的角度出发，《条例》明确家政服务人员具有向雇主自证健康的义务，且在患有传染性疾病时不得从业；为了防止家政服务中出现谩骂、殴打、虐待等恶性事件，保障双方合法权益，《条例》规定用户与家政服务人员互负不得侵犯对方人格尊严、人身安全的义务。便民原则是指要推进家政服务进社区，促进居民就近享有便捷服务。《条例》规定，上海市支持家政服务机构在社区设置服务网点，其租赁场地水电等费用不受用房性质限制，按照居民价格计费；支持依托政府投资建设的城乡社区综合服务设施或者场地设立家政服务网点，符合条件的可以减免租赁费用。

本条第二款明确了家政服务业的管理应当遵循的原则——促进行业发展、监管和服务相结合、平等保护各方合法权益。政府及相关职能部门作为家政服务业的管理者，其首要目标是促进家政服务业发展，要立足上海市实际，加强赋能政策扶持，激发更多社会力量参与，充分发挥其在满足民需、增加就业、改善生活、促进消费等方面的积极作用；其次要做好监督管理，平等保护家政服务机构、家政服务人员、用户的合法权益不受侵害；再次要做好服务保障，引导服务人员提升职业技能、提高服务质量，促进家政服务业提质扩容，实现高质量发展。

第四条 市、区人民政府应当将家政服务业纳入本级国民经济和社会发展规划，建立健全财政投入保障机制，制定政策措施，促进家政服务业发展。

本市建立促进家政服务业发展协调机制，统筹推进家政服务业重大政策制定，协调家政服务业发展中的重大事项。

【释义】 本条是关于政府职责的规定。

家政服务业作为新兴产业，对促进就业、保障民生、满足人民群众美好生活需要具有重要作用。市和区人民政府在推动家政服务业发展中承担重要职责。

本条第一款规定市、区人民政府应当将家政服务业纳入本级国民经济和社会发展规划，建立健全财政投入保障机制，制定政策措施，促进家政服务业发展。国民经济和社会发展规划是本地区经济、社会发展的总体纲要，统筹安排和指导本地区的社会、经济、文化建设工作，是具有战略意义的指导性文件。为了更好地发挥规划引领作用，促进家政服务业发展，本款明确市、区人民政府在编制本级国民经济和社会发展规划时应当将家政服务业的发展纳入其中。促进家政服务业的发展，政府公共财政投入不可或缺。为充分发挥公共财政对家政服务业发展的保障作用，本款规定市、区人民政府应当建立健全财政投入保障机制，在家政服务人员职业教育、技能培训、健康体检以及示范家政服务机构培育等方面予以积极投入和保障，确保家政服务领域的公共财政投入与家政服务提质扩容的目标相适应。为促进家政服务业健康发展，政府还应当及时制定推进家政服务业发展的一系列政策措施，通过各种支持政策，激发更多社会力量参与，吸引更多劳动力从事家政服务，扩大有效供给。

本条第二款明确要求上海市建立促进家政服务业发展协调机制。所谓协调机制，就是要在政府内部建立一种分工合作、权责清晰、互相配合的机制，明确牵头单位和部门间职责分工，并建立督促落实和检查考核制度。家政服务业促进发展和监督管理涉及的部门、单位较多。为加强部门间的协调配合，2019 年 9 月，国务院建立了促进家政服务业提质扩容部际联席会议。联席会议由发展改革委、商务部牵头，教育部、公安部、民政部、财政部、人力资源社会保障部、住房城乡建设部、卫生健康委等多个部门和单位参加。联席会议办公室设在发展改革委、商务部，承担联席会议的日常工作，完成召集人交办的其他工作。为了更好地凝聚共识，形成政策合力，上海市有必要在市级层面建立促进家政服务业发展的协调机制，通过这一机制的有效运行，促进各部门间协调配合，更好地统筹推进家政服务业重大政策制定，更好地协调家政服务业发展中的重大事项，为家政服务业发展创造良好的体制机制环境。

第五条 市、区商务部门承担本行政区域内家政服务行业管理职责，促进家政服务业发展，规范家政服务活动，指导家政服务行业组织依法开展工作。

市、区发展改革、财政、人力资源社会保障、规划资源、住房城乡建设管理、卫生健康、市场监管、房屋管理、民政、教育、公安、统计部门应当按照各自职责，做好家政服务管理和促进的相关工作。

【释义】 本条是关于相关政府部门职责的规定。

本条第一款规定了家政服务行业的主管部门商务部门的职责。“市、区商务部门”是指上海市商务委员会和各区承担商务工作职能的部门。按照本款规定，市、区商务部门作为家政服务行业的主管部门，主要承担以下职责：一是实施行业管理。这方面职责主要包括贯彻执行家政服务领域的法律、法规、规章和方针、政策，研究拟订行业内相关政策措施，开展行业日常监督管理等。二是促进行业发展。包括大力发展员工制家政，积极推动家政服务真正转向职业化、专业化、品牌化、规范化发展；推动家政服务业与新兴产业的融合发展；引导家政服务业能够更多地对接其他产业与家政服务相关的需求，壮大家政服务业的发展空间，同时降低家政服务业的运营成本等。三是规范行业活动。包括建立健全标准体系、推广使用合同示范文本、建立家政从业人员持证上门制度、实行从业人员职业背景信息验证核查、建立健全以信用监管为基础的新型监管体系等，推动行业规范、有序、健康发展。四是指导家政服务行业组织依法开展工作，推动家政服务行业协会完善行业规范，维护会员合法权益，保障行业公平竞争，发挥行业协会在行业自律中的作用。

家政服务的管理和促进工作必须要有政府相关部门共同形成合力才能做好，因此本条第二款规定了政府的发展改革、财政、人力资源社会保障、规划资源、住房城乡建设管理、卫生健康、市场监管、房屋管理、民政、教育、公安、统计等部门应当按照各自职责，做好家政服务的管理和促进工作。例如，发展改革部门在统筹规划本地区经济社会发展时要将家政服务业的发展纳入其中；财政部门负责给予家政服务业发展以财政支持；人力资源社会保障部门负责推进家政服务人员参加职业培训、提升服务技能等方面的工作；规划资源、住房城乡建设管理、房屋管理等部门负责支持家政企业设置社区服务网点、改善家政服务人员居住条件；卫生健康部门负责落实上海市家政服务人员体检方面的相关规定；教育部门负责支持高等院校和职业院校开设家政服务相关专业，培养家政服务专业人才；市场监管部门依法对违反本条例的行为开展行政执法。

第六条　工会、共产主义青年团、妇女联合会等团体应当协助做好促进家政服务业发展的相关工作。

【释义】　本条是关于群团组织协助家政服务业发展的规定。

本条规定了上海市各级工会、共青团、妇女联合会等群团组织要协助做好促进家政服务业发展的工作。工会是工人阶级为维护自身的政治、经济利益而自愿结合的工人阶级群众组织。根据《中华人民共和国工会法》等法律的相关规定，家政服务人员有权加入工会组织，家政服务人员作为工会会员可以依据《中华人民共和国工会法》和工会章程享有相应的权利，工会应当积极保障入会的家政服务人员的合法权益。妇女联合会是各族各界妇女联合起来的群众组织，以联系和服务妇女为根本任务，以代表和维护妇女权益、促进男女平等和妇女全面发展为基本职能。实践中，由于家政服务人员以妇女居多，市、区妇联组织应当在家政服务业发展中发挥重要作用，采取多种生动活泼的宣传教育形式，对妇女进行有关法律、法规的宣传教育工作，建立健全巾帼家政联盟体系，促进长三角“家政服务合作联盟”，开展家政服务专项培训和诚信教育，建设家政服务专业队伍和知名品牌等。共产主义青年团是先进青年的群团组织，根据《中国共产主义青年团章程》的规定，符合条件的家政服务人员可以志愿加入中国共产主义青年团。共产主义青年团应当充分发挥组织优势，帮助入团的家政服务人员树立远大理想、培养优良品德、增强法制观念，维护家政服务人员合法权益，反映家政服务人员的呼声，将家政服务人员纳入“新长征突击手”的评选范围。

第七条 本市支持家政服务行业组织的发展，鼓励家政服务机构加入家政服务行业组织。

家政服务行业组织应当加强行业自律和诚信建设，发挥对本行业的指导、服务职能，配合有关部门开展行业监管，引导家政服务机构和家政服务人员提升服务质量，维护家政服务机构和家政服务人员的合法权益。

【释义】 本条是关于家政服务行业组织的规定。

本条第一款规定了上海市支持家政服务行业组织的发展，鼓励家政服务机构加入家政服务行业组织。行业组织又称行业协会，是指由同业企业以及其他经济组织自愿组成、实行行业服务和自律管理的非营利性社会团体。根据《上海市促进行业协会发展规定》，行业协会的宗旨是为会员提供服务，维护会员合法权益，保障行业公平竞争，沟通会员与政府、社会的联系，促进行业经济发展。各级人民政府应当促进、扶持行业协会的发展，支持行业协会自主办会，依法进行管理，保障行业协会独立开展工作。当前，上海市家政服务行业发展中面临着组织化程度不高、产业化水平较低等突出问题，家政服务企业普遍存在“小、散、弱”的特征，家政服务人员流动性大，行业整体服务规范化、标准化程度还不够。在这一背景下，着力推动家政服务行业组织发展，积极发挥行业组织作用，加强行业建设，显得尤为迫切。因此，本款明确提出上海市支持家政服务行业组织的发展，鼓励家政服务机构以自愿的方式加入家政服务行业组织。

本条第二款规定了家政服务行业组织的职责。《条例》在注重发挥行业组织作用的同时，也明确要求行业组织突出行业自律的理念，注重加强自身诚信建设，对行业组织提出了"指导服务、配合监管、引导提升、维护权益"的要求。指导服务，是要求行业组织以服务会员为宗旨，通过组织开展业务培训、推行家政服务标准和服务规范等多种方式，指导帮助会员单位和家政服务人员业务开展逐步实现标准化、规范化。配合监管，是要求行业组织发挥好桥梁纽带作用，协助政府部门开展日常监管，建立健全行业内的信用体系和自律规则。引导提升，是要求行业组织通过开展家政服务质量监测、参与家政服务标准化建设等工作，推动提升全行业服务水平。维护权益，是要求行业组织始终关注会员单位和家政服务人员的合法权益，积极争取会员单位和家政服务人员的发展空间和权利保障。

第二章　机构和人员

第八条　本条例所称的家政服务机构，包括员工制家政服务机构和家政服务中介机构。

家政服务机构应当依法设立，并在其经营场所公示相关证照，公开服务项目、收费标准和投诉监督电话等服务信息。通过互联网等信息网络开展经营活动的，应当在其网站或者应用软件等首页显著位置，持续公示相关证照信息，并及时、全面、真实、准确地披露服务信息。

家政服务机构招用家政服务人员，或者为家政服务人员居间介绍的，应当查验其身份证、技能证明、健康证明等证件，了解其从业经历和服务意愿。

【释义】　本条是关于家政服务机构类型和基本运营规则的规定。

本条第一款对家政服务机构的类型予以了明确。上海市家政服务机构可分为员工制家政服务机构和家政服务中介机构两大类型。根据国办30号文，员工制家政服务机构是指直接与用户签订服务合同，与家政服务人员依法签订劳动合同或服务协议并缴纳社会保险费（已参加城镇职工社会保险或城乡居民社会保险均认可为缴纳社会保险费），统一安排服务人员为客户提供服务，直接支付或代发家政服务人员不低于当地最低工资标准的劳动报酬，并对家政服务人员进行持续培训管理的机构。家政服务中介机构是指通过专业知识和技术服务，接受用户或者家政服务人员委托，为其提供中介服务的机构。就不同类型的家政服务机构而言，其与家政服务人员、用户之间的法律关系有所不同。员工制家政服务机构与家政服务人员之间依法签订劳动合同或者服务协议，员工制家政服务机构与用户签订家政服务合同，建立以有偿家政服务为内容的消费关系。家政服务中介机构与家政服务人员、用户是民事居间合同关系。

本条第二款规定了家政服务机构设立、运营中应当遵守的基本规范。设立家政服务机构，视其具体组织形式的不同，应当符合《中华人民共和国民法总则》《中华人民共和国公司法》《中华人民共和国合伙企业法》《中华人民共和国企业法人登记条例》《中华人民共和国公司登记条例》等法律、法规规定的实体性和程序性要求。为营造公平公开、竞争有序的市场环境，保障家政服务交易关系中其他主体对家政服务机构基本信息的知情权，便于家政服务机构接受广泛市场监督，本款规定依法设立的家政服务机构应当在其经营场所公示营业执照、许可证等相关证照，公开服务项目、收费标准和投诉监督电话等信息。如果家政服务机构通过互联网等信息网络开展经营活动的，则还应该按照《中华人民共和国电子商务法》的规定，在其网站或者应用软件等首页显著位置，持续公示相关证照信息，并及时、全面、真实、准确地披露服务信息。

本条第三款规定了家政服务机构招用或者居间介绍

家政服务人员时的证件查验等义务。家政服务机构招用家政服务人员，或者为家政服务人员提供居间服务，除需了解家政服务人员的从业经历和服务意愿外，还要查验其身份证、技能证明、健康证明等证件。一方面，完成上述工作是家政服务机构匹配供需信息、寻求交易机会的必要前提；另一方面，家政服务人员的个人基本信息、技能资质、健康情况等对于提高家政服务质量至关重要，直接涉及家政服务是否安全可靠。为了维护用户的切身利益，家政服务机构应当尽到审慎的查验义务。

第九条　本市鼓励发展员工制家政服务机构。员工制家政服务机构依法与用户签订家政服务合同。

员工制家政服务机构依法与家政服务人员签订劳动合同，建立劳动关系，缴纳城镇职工社会保险费。

家政服务人员与员工制家政服务机构未签订劳动合同但按照国家有关规定签订服务协议的，可以按照国家和本市有关规定参加城镇职工社会保险或者城乡居民社会保险。

员工制家政服务机构应当加强家政服务人员的培训和管理，定期开展服务技能、法律、职业道德、安全、卫生等方面的培训，并建立服务质量跟踪制度，对家政服务人员的工作经历、服务评价等情况予以记录。

【释义】　本条是关于员工制家政服务机构与家政服务人员法律关系以及双方权利义务的规定。

本条第一款指明了上海市鼓励发展员工制家政服务机构的政策导向。员工制家政服务机构最本质的特点，是直接与消费者(用户)签订服务合同，与家政服务人员依法签订劳动合同或者服务协议。国办30号文指出，要大力发展员工制家政企业，要培育一批具有区域引领和示范效应的龙头企业，形成家政服务业知名品牌，实施家政服务业提质扩容“领跑者”行动。之所以要鼓励员工制家政服务机构的发展，原因是员工制家政服务机构的优势在于，一方面，员工制的管理制度可以更规范地管理家政服务人员，家政服务人员的就业状态较为稳定，可以享有《中华人民共和国劳动法》等法律与社会保险制度的全面保障。家政服务人员身为企业员工，可以享受企业的福利待遇，如果在服务过程中遇到了问题，也可以寻求企业的帮助；另一方面，在员工制模式下，家政服务机构依法与用户签订家政服务合同，家政服务人员作为家政服务机构的员工，遵照家政服务机构的统一管理与安排至用户家中，以家政服务机构的名义提供服务，家政服务机构可以运用标准化的操作规则对服务质量进行把控。当然，从目前家政服务业的现状来看，员工制家政服务机构在整个家政服务市场中的占比还是比较低的。因此，《条例》制定的重要目的之一就是要积极鼓励发展员工制家政服务机构。

本条第二款规定，员工制家政服务机构应当依法与家政服务人员建立劳动关系，签订劳动合同，缴纳城镇职工社会保险费，双方的权利义务按照《中华人民共和国劳动法》《中华人民共和国劳动合同法》《中华人民共和国劳动合同法实施条例》等法律、法规确定。员工制家政服务机构与家政服务人员订立劳动合同，应当遵循合法、公平、平等自愿、协商一致、诚实信用的原则。双方应当订立书面劳动合同。已建立劳动关系，未同时订立书面劳动合同的，应当自用工之日起一个月内订立书面劳动合同。依法订立的劳动合同具有约束力，员工制家政服务机构与家政服务人员均应当履行劳动合同约定的义务。

本条第三款是关于家政服务人员与员工制家政服务机构未签订劳动合同但按照国家有关规定签订服务协议的规定。根据国办30号文的规定，家政服务人员不符合签订劳动合同情形的，家政服务机构应当与其签订服务协议，在不违反法律、行政法规强制性规定的前提下，通过该服务协议约定双方的权利义务，员工制家政服务机构与家政服务人员之间并未建立劳动关系。家政服务机构与家政服务人员签订服务协议的，家政服务人员可以按照国家和上海市有关规定参加城镇职工社会保险或者城乡居民社会保险。

本条第四款规定了员工制家政服务机构的内部管理职责。作为家政服务人员的用人单位，员工制家政服务机构有义务定期开展服务技能、法律、职业道德、安全、卫生等方面的培训。为增强企业及员工在家政服务市场的竞争优势，员工制家政服务机构有必要加强家政服务人员职业技能与专业素养的培训和管理。此外，为规范内部管理、确保管理行为有据，促使内部形成兼具激励与惩戒的管理秩序，员工制家政服务机构应当建立服务质量跟踪制度，及时收集并记录家政服务人员的工作经历、服务评价等情况。

第十条 家政服务中介机构可以接受家政服务人员或者用户的委托，为双方提供居间服务。

家政服务中介机构应当充分了解用户需求和家政服务人员基本情况，不得故意隐瞒与订立家政服务合同有关的重要事实或者提供虚假情况。

【释义】 本条是关于家政服务中介机构与家政服务人员法律关系以及双方权利义务的规定。

本条第一款规定了家政服务中介机构可以接受家政服务人员或者用户的委托，为双方提供居间服务。居间合同是居间人向委托人报告订立合同的机会或者提供订立合同的媒介服务，委托人支付报酬的合同。家政服务中介机构与家政服务人员、家政服务中介机构与用户之间是民事居间合同关系，其权利义务受《中华人民共和国合同法》调整（待《中华人民共和国民法典》施行后则受其调整）。当家政服务人员与用户通过家政服务中介机构的居间服务达成协议，家政服务人员与用户之间就形成了民事雇佣关系。

本条第二款规定了家政服务中介机构如实提供基本信息与重要事实的义务。家政服务业具有较强的人身信赖性，在用户与家政服务人员事先不认识、不了解的情况下，用户主要依赖家政服务中介机构掌握的信息来决定是否接受某一家政服务人员。家政服务中介机构作为居间人收集、整合家政服务市场的供需信息，尤其是直接关系到缔约意愿的重要信息，对于确保用户和家政服务人员知晓对方的真实情况极为重要，是维系各方主体之间人身信赖性的重要基础。因此，充分了解用户需求和家政服务人员基本情况，包括家政服务人员的姓名、年龄、健康状况、从业经验、职业技能等与履行家政服务工作相关的基本情况，以及用户提供的有关工作内容、工作条件、工作地点、劳动报酬等基本信息，是家政服务中介机构的一项重要义务。家政服务中介机构促成合同成立的，委托人（用户或者家政服务人员）应当按照约定支付报酬。家政服务中介机构故意隐瞒与订立合同有关的重要事实或者提供虚假情况，损害委托人利益的，不得要求支付报酬并应当依法承担损害赔偿责任。

第十一条 用户通过家政服务机构聘请家政服务人员的，有权了解家政服务机构、家政服务人员的有关信息，查验相关证件；要求家政服务机构或者家政服务人员按照家政服务合同的约定提供相关服务，并对其服务作出评价。

用户直接聘请家政服务人员的，有权了解家政服务人员的有关信息，查验相关证件；要求家政服务人员按照家政服务合同的约定提供相关服务。

鼓励用户通过家政服务机构聘请家政服务人员。

【释义】 本条是关于用户权利的规定。

本条第一款规定了用户通过家政服务机构聘请家政服务人员时享有的权利。在此情形下,用户与家政服务机构建立了家政服务合同关系,是家政服务的消费者。按照《中华人民共和国消费者权益保护法》《上海市消费者权益保护条例》等法律法规的规定,消费者享有知悉其接受的服务的真实情况和真实交易条件的权利,有权要求服务的经营者提供服务的内容、费用、标准、服务记录等情况,并有权对服务的质量、价格、服务态度等提出意见和建议。因此,用户通过家政服务机构聘请家政服务人员的,其作为家政服务的消费者,有权了解家政服务机构、家政服务人员的有关信息,例如家政服务机构的营业执照、资质、服务项目、收费标准等,家政服务人员的身份信息、健康状况、技能水平等。为了核实相关信息的真实性,用户还有权查验相关证件;有权要求家政服务机构按照家政服务合同的约定指派或者更换家政服务人员提供服务,并对相关服务作出相应的评价。

本条第二款规定了用户直接聘请家政服务人员时享有的权利。除员工制家政服务和中介制家政服务外,自雇型家政服务在现实生活中大量存在。考虑到家政服务是特殊的入户式服务,与用户密切接触,为了保障市民群众的健康、安全,本款规定用户作为雇主有权了解家政服务人员的有关信息,包括身份信息、健康状况、技能水平、习惯爱好等,并有权查验相关证件;有权要求家政服务人员按照家政服务合同的约定提供服务。

本条第三款鼓励用户通过家政服务机构聘请家政服务人员。家政服务机构实行员工制，是解决家政服务人员流动性大、加快家政服务行业健康有序发展的一个重要方向。国办 30 号文也为推动员工制家政服务机构快速发展规定了相关的财税金融支持政策。相对于自雇制家政服务来看，员工制家政服务和中介制家政服务在专业性、规范性方面更有优势，例如在查验家政服务人员的基本信息方面，家政服务机构可以为用户进行初步的人员筛选，还可以收集有关家政服务人员的过往服务评价并提供给用户参考。因此，为确保家政服务安全，维护家政服务各方合法权益，《条例》鼓励用户通过家政服务机构聘请家政服务人员。

第十二条 用户应当按照约定支付相关费用，为家政服务人员提供必要的劳动保护条件；尊重家政服务人员的人格，如实介绍与家政服务有关的家庭情况；用户及同住人员患有传染性疾病或者具有其他可能危及家政服务人员人身安全的情形，应当如实告知家政服务人员。

用户不得有下列行为：

（一）谩骂、侮辱、虐待、殴打家政服务人员；

（二）强迫家政服务人员提供合同约定以外的家政服务；

（三）强迫家政服务人员提供可能对其人身安全造成损害的家政服务；

（四）其他违反法律、法规和公序良俗的行为。

【释义】 本条是关于用户义务的规定。

本条第一款规定了用户应当承担的几项基本义务。首先,用户应当按照约定支付费用。如果用户通过员工制家政服务机构聘请家政服务人员的,应当按照约定向家政服务机构支付费用;如果用户通过家政服务中介机构聘请家政服务人员,或者直接聘请家政服务人员的,应当按照约定向家政服务人员支付报酬。其次,由于家政服务人员在用户处提供服务,用户应当为家政服务人员提供必要的劳动保护条件,确保工作环境无损于家政服务人员的身心健康。这里的劳动保护条件主要是指家政服务人员在劳动过程中所享有的劳动安全保护条件和劳动卫生条件等。用户应当提供能够满足家政服务人员开展正常劳动和服务所必需的基本条件。此外,用户还应向家政服务人员如实告知与家政服务有关的家庭情况,尤其是用户及同住人员患有传染性疾病或者具有其他可能危及家政服务人员人身安全的情形。基于家政服务业的特殊性,家政服务人员的工作能力与相关资质与身体健康直接相关,若因用户及同住人员感染传染性疾病或者人身受损,可能导致家政服务人员暂时甚至永久性地无法从事家政服务工作,因此,家政服务人员应当享有相应的知情权。

本条第二款属于用户"不得为"的禁止性规范。其中,第一项明确规定用户不得侵犯家政服务人员的人格权。所谓人格权是指为民事主体所固有而由法律直接赋予民事主体所享有的各种人身权利。人格权是一种非财产权，因而与财产权相区别。人格权是一种支配权，因而具有排他的效力。人格权是一种绝对权，因而任何他人都不得妨碍其行使。最后，人格权还是一种专属权，即他人不得代位行使。根据《中华人民共和国民法总则》和《中华人民共和国民法典》，自然人享有生命权、身体权、健康权、姓名权、肖像权、名誉权、荣誉权、隐私权、婚姻自主权等权利。就自然人而言，人格权包括生命健康、姓名、肖像、名誉、荣誉、隐私等权利。因此，用户不得谩骂、侮辱、虐待、殴打家政服务人员；第二项明确规定用户不得强迫家政服务人员提供合同约定以外的家政服务，因为用户和家政服务人员之间的权利义务都是受家政服务合同调整的，家政服务人员为用户提供的家政服务事项、形式、时间等都是在家政服务合同中明确约定的。用户如果需要家政服务人员提供合同约定之外的服务的，应当与家政服务人员协商，征得家政服务人员同意。家政服务人员不同意的，用户不得强迫其提供合同约定之外的服务；第三项明确规定用户不得强迫家政服务人员提供可能对其人身安全造成损害的家政服务，广义的人身安全包括人的生命、健康、行动自由、住宅、人格、名誉等安全，狭义的人身安全是指人的生命、健康安全。由于家政服务行业的特殊性，家政服务人员的生命、健康安全与其劳动能力密切相关，因此，用户不得强迫家政服务人员提供可能对其人身安全造成损害的家政服务；第四项属于法规中的兜底性条款，即将所有其他条款没有包括的、难以包括的或者立法时预测不到的，都包括在这个条款中。兜底条款是法律法规文本中常见的表述，主要是为了防止法律法规的不周严性，以及社会情势的变迁性。根据本款规定，用户也不得对家政服务人员作出其他违反法律、法规和公共秩序、善良风俗的行为。

第十三条 家政服务人员的人格尊严受法律保护。

家政服务人员有权拒绝可能危及其人身安全的家政服务。

家政服务人员有休息的权利，具体休息时间或者补偿办法可以依法协商确定，并在劳动合同、服务协议或者家政服务合同中予以明确。

家政服务机构、用户不得扣押家政服务人员身份证、技能证明、健康证明等证件。

【释义】 本条是关于家政服务人员权利的规定。

本条第一款明确指出家政服务人员的人格尊严受法律保护。人格尊严是指公民作为平等的人的资格和权利应该受到国家的承认和尊重，包括与公民人身存在密切联系的名誉、姓名、肖像等权利。根据《中华人民共和国宪法》规定，中华人民共和国公民的人格尊严不受侵犯，禁止用任何方法对公民进行侮辱、诽谤和诬告陷害。根据《中华人民共和国民法总则》和《中华人民共和国民法典》的规定，自然人的人格尊严受法律保护。家政服务人员的人格尊严同样受法律保护，任何人不得侵害其人格尊严。

本条第二款规定家政服务人员有权拒绝可能危及其

人身安全的家政服务。根据《中华人民共和国民法总则》和《中华人民共和国民法典》规定，自然人享有生命权、身体权、健康权等权利。如果家政服务机构或者用户的工作指令、服务指令有可能危及家政服务人员的人身安全，家政服务人员有权拒绝，且不因此遭受来自家政服务机构或者用户的不公平对待。

本条第三款是关于家政服务人员休息权的规定。家政服务人员享有休息的权利。《中华人民共和国劳动法》对劳动者每日和每周工作时间、延长工作时间的条件及工资报酬、休假时间等作了明确规定。如果家政服务人员与员工制家政服务机构建立了劳动关系，那么就应当遵守相关法律、法规等有关工作时间、休息时间的规定。工作时间与休息时间的具体分配，家政服务机构可与家政服务人员、用户进行协商，并通过劳动合同或者其他书面形式予以确认，且不得违反法律、法规的强制性规定。如果家政服务人员与员工制家政服务机构签订的是服务协议，那么工作时间和休息时间的安排可以更为灵活，家政服务人员与家政服务机构可以平等协商具体的工作安排和休息方式，并通过服务协议或者其他书面形式予以确认。如果家政服务人员通过家政服务中介机构或者直接与用户建立民事雇佣关系，那么家政服务人员可以与用户协商确定具体的工作时间、休息时间或者补偿办法，并通过家政服务合同予以确认。

本条第四款规定家政服务机构、用户不得扣押家政服务人员身份证、技能证明、健康证明等证件。家政服务人员的居民身份证、技能证明、健康证明等证件，是家政服务人员依法取得，用来证明自己身份、能力、身体状况等的证件。按照《中华人民共和国居民身份证法》的规定，除公安机关依照《中华人民共和国刑事诉讼法》执行监视居住强制措施的情形外，任何组织或者个人不得扣押居民身份证。非法扣押他人居民身份证的，由公安机关给予警告，并处二百元以下罚款，有违法所得的，没收违法所得。《中华人民共和国劳动合同法》也明确规定，用人单位招用劳动者，不得扣押劳动者的居民身份证和其他证件。因此，家政服务机构、用户均不得以任何理由扣押家政服务人员的身份证、技能证明、健康证明等证件。

第十四条　家政服务人员应当如实向家政服务机构、用户披露本人的年龄、从业经历、服务技能、健康状况以及有无不良嗜好等情况。

家政服务人员应当按照家政服务合同和家政服务机构的要求提供服务，并遵守职业规范。

家政服务人员不得有下列行为：

（一）谩骂、侮辱、虐待、殴打服务对象；

（二）偷盗、骗取或者故意损毁用户的财物；

（三）泄露在家政服务活动中知悉的用户的隐私；

（四）其他违反法律、法规、公序良俗和职业道德的行为。

家政服务人员患有传染性疾病等不宜从事家政服务疾病的，在治愈前不得从事家政服务活动。

【释义】 本条是关于家政服务人员义务的规定。

本条第一款规定了家政服务人员如实披露相关信息的义务。家政服务是特殊的入户服务，又是一项技能服务。家政服务质量的高低，与家政服务人员的能力、品质等密切相关。然而，无论是家政服务机构招用家政服务人员或者为家政服务人员提供居间介绍服务，还是用户雇用家政服务人员，都存在信息不对称的情况，因此规定家政服务人员的信息披露义务，对于保障家政服务机构和用户对家政服务人员个人情况的知悉权尤为重要。家政服务人员的年龄、从业经历、服务技能、健康状况以及有无不良嗜好等信息，与家政服务人员服务能力和服务水平密切相关，属于可以影响家政服务机构招用意向、用户雇佣意愿的关键信息，家政服务人员应当向家政服务机构、用户如实告知以上信息。

本条第二款规定了家政服务人员按约按要求提供服务，并遵守职业规范的义务。根据《中华人民共和国合同法》和《中华人民共和国民法总则》的规定，依法成立的合同，对当事人具有法律约束力。当事人应当按照约定履行自己的义务，不得擅自变更或者解除合同。家政服务人员与用户直接订立家政服务合同，或者接受家政服务机构指派，为用户提供家政服务，应当按照家政服务合同的约定和家政服务机构的要求进行。国家高度重视家政服务人员的职业化、规范化发展。2019 年 5 月，国务院办公厅印发《职业技能提升行动方案（2019—2021 年）》，明确提出坚持需求导向，围绕市场急需紧缺职业开展家政等就业技能培训，将职业道德、职业规范等内容贯穿职业技能培训全过程。家政服务人员遵守职业规范是职业化发展的必然要求。

本条第三款规定了家政服务人员不得从事的行为。《中华人民共和国民法总则》和《中华人民共和国民法典》规定，民事主体的人身权利、财产权利以及其他合法权益受法律保护，任何组织或者个人不得侵犯。因此，本款对家政服务人员侵犯用户人身权利、财产权利以及其他合法权益的几类行为作了明确的禁止性规定：第一项规定了家政服务人员不得谩骂、侮辱、虐待、殴打服务对象。根据《中华人民共和国民法总则》和《中华人民共和国民法典》的规定，自然人享有生命权、身体权、健康权、名誉权等权利，自然人的人身自由、人格尊严受法律保护。与《条例》第十二条"用户不得谩骂、侮辱、虐待、殴打家政服务人员"的规定相对应的是，家政服务人员也不得谩骂、侮辱、虐待、殴打服务对象。这些行为严重侵犯了服务对象的人身权利，应当予以禁止；第二项规定家政服务人员不得偷盗、骗取或者故意损毁用户的财物。《中华人民共和国民法总则》和《中华人民共和国民法典》规定，民事主体的财产权利受法律平等保护。偷盗、骗取或者故意损毁用户的财物的行为，严重侵犯了用户的财产权利，应当依法承担民事赔偿责任；构成违反治安管理行为的，依法给予治安管理处罚；构成犯罪的，依法追究刑事责任；第三项规定家政服务人员不得泄露在家政服务活动中知悉的用户的隐私。根据《中华人民共和国民法总则》和《中华人民共和国民法典》的规定，自然人享有隐私权。隐私权是指自然人享有的私人生活安宁与私人信息秘密依法受到保护，不被他人非法侵扰、知悉、收集、利用和公开的一种人格权。隐私权的内容具有隐秘性和真实性。侵害他人隐私权的，应当依法承担停止侵害、赔礼道歉、赔偿损失等侵权责任。由于家政服务的入户式特点，家政服务人员可能会在家政服务活动中知悉用户的一些隐私，家政服务人员应当对此予以保密，不得泄露；第四项是一项兜底性规定，对家政服务人员其他违反法律、法规、公序良俗和职业道德的行为予以了禁止。《中华人民共和国民法总则》和《中华人民共和国民法典》规定，民事主体从事民事活动，不得违反法律，不得违背公序良俗。《中华人民共和国劳动法》规定，劳动者应当遵守职业道德。因此，本款明确，在前述三项之外，家政服务人员不得有其他违反法律、法规、公序良俗和职业道德的行为。

本条第四款规定家政服务人员患有传染性疾病等不宜从事家政服务疾病的，在治愈前不得从事家政服务活动。根据《中华人民共和国传染病防治法》《中华人民共和国传染病防治法实施办法》规定，传染病病人、病原携带者和疑似传染病病人，在治愈前或者在排除传染病嫌疑前，不得从事法律、行政法规和国务院卫生行政部门规定禁止从事的易使该传染病扩散的工作。从事饮水、饮食、整容、保育等易使传染病扩散工作的从业人员，必须按照国家有关规定取得健康合格证后方可上岗。家政服务人员属于与用户密切接触的职业，若其患有传染性疾病等，易使疾病扩散，故在治愈前依法不得从事家政服务活动。

第十五条 鼓励家政服务人员参加政府部门、家政服务行业组织以及家政服务机构组织的各类技能培训活动，通过多种渠道提升家政服务能力和职业道德水平。

【释义】 本条是关于鼓励家政服务人员参加技能培训、提高职业能力的规定。

本条鼓励家政服务人员参加各类技能培训活动，提升家政服务能力和职业道德水平。长期以来，我国高度重视劳动者的职业技能培训，把职业技能培训作为保持就业稳定、缓解结构性就业矛盾的关键举措，作为经济转型升级和高质量发展的重要支撑。《中华人民共和国劳动法》规定，国家通过各种途径，采取各种措施，发展职业培训事业，开发劳动者的职业技能，提高劳动者素质，增强劳动者的就业能力和工作能力。各级人民政府应当把发展职业培训纳入社会经济发展规划，鼓励和支持有条件的企业、事业组织、社会团体和个人进行各种形式的职业培训。用人单位应当建立职业培训制度，按照国家规定提取和使用职业培训经费，根据本单位实际，有计划地对劳动者进行职业培训。2019 年 5 月，国务院办公厅《职业技能提升行动方案（2019—2021 年）》明确提出加强职业技能、通用职业素质和求职能力等综合性培训，将职业道德、职业规范、工匠精神、质量意识、法律意识和相关法律法规、安全环保和健康卫生、就业指导等内容贯穿职业技能培训全过程。从总体上来看，家政服务从业人员还存在着队伍素质不高，服务不规范、不到位，不能及时满足居民生活日益多样化需求的现象，这成了制约家政服务业持续健康发展的“瓶颈”。为此，2019年6月，国办30号文将家政服务纳入职业技能提升行动工作范畴，要求对新上岗家政服务人员开展岗前培训，在岗家政服务人员每两年至少得到1次“回炉”培训，要求组织实施巾帼家政服务专项培训工程，开展家政培训提升行动。就上海本地的情况来看，家政服务人员95%以上为外来人员、99%以上为灵活就业人员，从业人员整体素质偏低，文化程度不高。为促进上海市家政服务行业的健康发展，提升上海市家政服务人员的服务能力与素质水平，形成家政服务的“上海名片”，继而吸引更多高素质人才投身家政服务行业，本条鼓励家政服务人员参加政府部门、家政服务行业组织以及家政服务机构组织的各类培训活动，通过多种渠道提升家政服务能力和职业道德水平。

第三章　规范和管理

第十六条　本市健全完善家政服务标准体系，强化家政服务标准实施与监督，推动提升家政行业服务质量和水平。

市标准化行政主管部门和有关行政主管部门应当组织开展家政服务地方标准立项研究，制定家政服务地方标准，加强对家政服务地方标准的宣传和实施工作。

鼓励家政服务行业组织、家政服务机构参与标准化工作，制定高于国家标准、行业标准、地方标准相关技术要求的团体标准和企业标准，并组织实施。

【释义】　本条是关于家政服务标准体系建设的规定。

标准是经济活动和社会发展的技术支撑，是社会治理的重要手段。加强家政服务标准体系建设，有助于有效规范家政服务行为，提升服务水平，增进消费互信，对推动家政服务业规范化和产业化发展具有重要意义。国办30号文明确规定健全家政服务标准体系，开展家政服务国家标准修订工作，完善行业标准体系。《上海市标准化条例》也规定，鼓励上海市加大标准化服务的市场供给力度，加快培育标准化服务机构，引导企业、社会团体和教育、科研机构等参与标准化服务，完善标准化服务生态体系。根据这些规定，在本条第一款开宗明义明确了上海市推进家政服务体系建设。

本条第二款对家政服务地方标准的制定作了规定。根据 2018 年 1 月 1 日施行的《中华人民共和国标准化法》，我国的标准体系分为国家标准、行业标准、地方标准、团体标准、企业标准五大类。标准化工作由各级政府标准化行政主管部门和有关部门统一管理、分工管理。其中，地方标准由省级及设区的市级人民政府标准化行政主管部门依法制定。因此，本款明确市标准化行政主管部门（市市场监督管理局）和有关行政主管部门（市商务委等）应当持续开展家政服务行业地方标准研究，制定和发布更能满足社会需求的地方标准。近年来，在市商务部门、市标准化管理部门的努力下，上海市制定出台了《家政服务机构管理要求》（DB31/T 1045）、《家政从业人员基本要求》（DB31/T 1046）、《家政服务溯源管理规范》（DB31/T 1047）三个上海家政地方标准，供家政从业各方自愿采用。其中，《家政服务溯源管理规范》是全国家政行业第一部家政服务追溯管理地方性标准，率先明确了家政服务用户、从业人员和服务机构三方信息追溯要求。在上海市家政行业中推行家政服务人员行为规范、家政服务机构经营管理规范、家政服务行业自律等一系列标准规范，从源头上规范了家政服务。

本条第三款对家政服务团体标准和企业标准作了规定。《中华人民共和国标准化法》规定，协会、商会等社会团体可以制定团体标准，由本团体成员约定采用或者按照本团体的规定供社会自愿采用；企业可以根据需要自行制定企业标准。市家庭服务业行业协会、家政服务机构处在家政服务市场一线，更加贴近市场需求、更加了解行业发展，因此《条例》鼓励协会和家政服务机构发挥自身独特优势，积极制定高于国家标准、行业标准、地方标准相关技术要求的团体标准和企业标准，提升本市家政服务行业的标准化水平。

第十七条　鼓励用户与家政服务机构或者家政服务人员订立书面家政服务合同，约定服务时间、事项、报酬等内容。

鼓励家政服务机构使用家政服务合同示范文本，并将本机构制定的服务规范作为合同的附件。鼓励直接与用户建立家政服务关系的家政服务人员使用合同示范文本。

家政服务合同示范文本由市商务部门会同市市场监管等部门制定。

【释义】　本条是对签订家政服务合同以及家政服务合同示范文本的规定。

本条第一款规定鼓励合同当事人签订书面家政服务合同。根据《中华人民共和国合同法》和《中华人民共和国民法典》的规定，合同有书面形式、口头形式和其他形式。相比于口头合同，书面合同有据可查，更利于合同当事人在发生纠纷时举证，以分清责任，故《条例》鼓励家政服务合同当事人签订书面形式的家政服务合同，明确双方的权利义务。

本条第二款对合同示范文本的使用作了规定。使用合同示范文本有助于指导合同双方之间在订立合同时最大程度地明晰各自的权利义务，减少磋商成本，减少意见分歧，降低纠纷发生风险，本款遵循国办30号文的要求，鼓励家政服务机构、用户、家政服务人员等使用合同示范文本。

本条第三款对家政服务合同示范文本制定主体作了规定。《上海市合同格式条款监督条例》第十条规定“合同示范文本由有关行政主管部门或者行业组织制定”“上海市工商行政管理局可以参与合同示范文本的制定”。按照上海市机构改革方案，市工商局等单位合并组建为市市场监管局，因此，本条第三款明确家政服务合同示范文本由市商务部门会同市市场监管等部门制定。

第十八条　本市建设全市统一的家政服务管理平台，发布国家以及本市有关促进、规范家政服务业发展的政策措施、行业动态、合同示范文本等信息；归集家政服务机构和家政服务人员的基本信息、服务和评价信息以及信用信息，并依法为公众提供查询等公共服务。

家政服务管理平台应当与本市“一网通办”平台和公共信用信息服务平台等信息系统实现互联互通，并按照国家规定向全国信用信息共享平台归集有关基础信息和信用信息。

相关部门应当按照国家和本市有关规定保障信息安全，并对获取的商业秘密、个人信息予以保护。

家政服务管理平台由市商务部门负责组织建设和运

行维护。平台信息采集和查询应当遵守相关法律、法规的规定，具体办法由市商务部门制定。

【释义】 本条是关于家政服务管理平台的规定。

在信息社会，政府要更好地履行职能，要对政务工作情况作及时发布，以便让社会公众了解政府的政策、管理活动，以及社会、经济发展动态等信息，利用信息化技术建立网络平台，是提高政府办事效率、减少行政成本、健全政府与社会交流沟通的重要渠道，是引导公众参与公共事务管理的最佳方式。

本条第一款对家政服务管理平台的建设和功能作了规定。本款明确提出上海市建设全市统一的家政服务管理平台。加强家政服务管理平台建设是上海市开展家政服务行业管理和提供公共服务的核心举措。平台具备信息发布、信息归集、公共服务三大基本功能。就信息发布功能而言，家政服务平台主要发布国家以及上海市有关促进、规范家政服务业发展的政策措施、行业动态、合同示范文本等信息；就信息归集功能而言，家政服务平台主要归集家政服务机构和家政服务人员的基本信息、服务和评价信息以及信用信息；就公共服务功能而言，家政服务平台依法为公众提供查询等公共服务。家政服务管理平台的有效运行，有助于政府部门开展更优质的管理和服务，有助于在家政服务机构、用户和家政服务人员之间建立沟通机制，降低信任风险。

本条第二款规定家政服务管理平台应当与相关平台

实现信息对接。根据《上海市社会信用条例》《上海市公共数据和一网通办管理办法》等法规及规章的规定，本款规定了家政服务管理平台应当与“一网通办”平台以及信用信息平台实现对接，实现数据的互联共享，并按照国家规定向全国信用信息共享平台归集有关基础信息和信用信息。

本条第三款对商业秘密和个人信息的保护作了规定。《中华人民共和国民法总则》和《中华人民共和国民法典》规定，自然人的个人信息受法律保护。任何组织和个人需要获取他人个人信息的，应当依法取得并确保信息安全，不得非法收集、使用、加工、传输他人个人信息，不得非法买卖、提供或者公开他人个人信息。根据《全国人民代表大会常务委员会关于加强网络信息保护的决定》等法律法规的规定，相关部门应当对其获取的商业秘密和个人信息予以保护。商业秘密是指不为公众所知悉、具有商业价值并经权利人采取相应保密措施的技术信息、经营信息等商业信息。商业秘密关乎企业的竞争力，对企业的发展至关重要，有的甚至直接影响到企业的生存，相关部门对获取的商业秘密，应当严加保护，不能泄露。个人信息，是指公民个人的姓名、出生日期、身份证件号码、个人生物识别信息、住址、电话号码等。为了加强对个人信息的保护，对收集、使用个人信息的行为必须依法进行。

本条第四款对家政服务管理平台的建设和运营维护主体作了规定。本款明确家政服务管理平台由市商务部门负责组织建设和运行维护，并要求市商务部门根据本法的原则规定，就平台信息采集和查询的具体事项制定配套管理办法。市商务委已于2020年4月制定出台了《上海市家政服务管理平台信息管理办法》。

第十九条 家政服务机构应当将单位名称、主要负责人、经营场所、联系方式等信息通过家政服务管理平台向市商务部门备案。相关信息发生变更的，应当在十五日内向市商务部门备案。

对于能够通过本市“一网通办”平台实现数据共享的信息，市商务部门不得要求家政服务机构重复提供。

【释义】 本条是关于家政服务机构备案的规定。

本条第一款规定了家政服务机构的信息备案义务。家政服务机构应当将单位名称、主要负责人、经营场所、联系方式等信息向市商务部门进行备案，便于行业主管部门随时掌握家政服务机构基本信息，及时了解和汇总分析家政服务业总体的发展情况，并对家政服务机构开展有针对性的管理和服务。为确保信息的真实性与准确性，家政服务机构的相关备案信息发生变更的，应当在十五日内向市商务部门备案。

本条第二款规定对于能够通过上海市“一网通办”平台实现数据共享的信息，市商务部门不得要求家政服务机构重复提供。《上海市公共数据和一网通办管理办法》规定，“一网通办”是指依托全流程一体化在线政务服务平台和线下办事窗口，整合公共数据资源，加强业务协同办理，优化政务服务流程，推动群众和企业办事线上一个总门户、一次登录、全网通办，线下只进一扇门、最多跑一次。根据《中华人民共和国优化营商环境条例》《上海市优化营商环境条例》和“放管服”改革的总体要求，为减轻企业向各个政府部门多头报送信息的负担，充分发挥“一网通办”在政府部门之间数据互联共享的作用，“让群众少跑腿、让数据多跑路”，本条第二款明确对于能够通过上海市“一网通办”平台实现数据共享的信息，市商务部门不得要求家政服务机构重复提供。

第二十条　家政服务机构应当将其家政服务人员或者由其居间介绍的家政服务人员的信息，在家政服务管理平台上备案，并发放家政上门服务证。持有家政上门服务证的家政服务人员，开展家政服务活动时，应当出示上门服务证。

鼓励直接与用户建立家政服务关系的家政服务人员将个人基本信息、从业经历等在家政服务管理平台上备案。

家政服务管理平台信息备案和家政上门服务证的管理办法，由市商务部门另行制定。

【释义】　本条是关于家政服务人员备案及家政上门服务证发放的规定。

本条第一款规定了家政服务机构内的家政服务人员备案和持证服务的规定。家政上门服务证是家政服务人员职业身份的证明，不是行业准入资格证，只有在家政服务管理平台上备案的家政服务人员，家政服务机构才能发给家政上门服务证。因此，家政上门服务证能够有效地起到查询和证明作用，持有家政上门服务证的家政服务人员，开展家政服务活动时，应当主动出示上门服务证。自 2016 年起，市商务部门牵头开展了“家政持证上门服务证(上门证)试点工作”。截至 2020 年 3 月，全市有 160 家家政服务机构参与，11 万余名家政服务人员持“上门服务证”，遍布全市 16 个行政区。试点工作取得了显著的成效，有力推动了上海市诚信、安全的家政服务管理体系建设工作，也得到了国家有关部门的肯定，在国办 30 号文中，将这一做法固化为指导意见要求。

家政服务人员信息备案以及家政上门服务证发放的责任主体均为家政服务机构，既包括员工制家政服务机构，也包括家政服务中介机构。

本条第二款对于直接与用户建立家政服务关系的家政服务人员的备案作出了规定。从上海市家政服务市场的现状来看，直接与用户建立家政服务关系的家政服务人员，也就是自雇型的家政服务人员仍占较高的比例。为引导自雇型家政服务人员走上职业化发展的道路，并享受家政服务管理平台提供的相关公共服务，本款鼓励其自行将其个人基本信息、从业经历等在家政服务管理平台上备案。

由于家政服务管理平台的信息备案和家政上门服务证的管理，牵涉一系列较为复杂的程序性规定，本条第三款要求市商务部门就家政服务管理平台的信息备案以及家政上门服务证的具体管理办法，另行作出配套规定。市商务委已于2020年4月制定出台了《上海市家政上门服务证管理办法》。

第二十一条 在家政服务管理平台备案的家政服务机构应当定期向平台传送家政服务合同、服务评价等家政服务信息，并对信息的真实性负责。

鼓励家政服务机构建立业务管理系统，并与家政服务管理平台对接。

【释义】 本条是关于家政服务机构信息报送与信息对接的规定。

本条第一款规定了家政服务机构定期报送信息的义务。在《条例》第十九条“机构备案”、第二十条“人员备案”的基础上，本款要求家政服务机构应当定期报送家政服务信息，这三条共同构成了家政服务管理平台信息来源的基础。本款明确报送家政服务信息的责任主体为在家政服务管理平台上备案的家政服务机构，既包括员工制家政服务机构，也包括中介制家政服务机构。报送的内容主要包括家政服务合同、服务评价等家政服务信息，且家政服务机构需对信息的真实性负责。需要说明的是，根据《条例》第十八条第三款的规定，相关部门应当按照国家和上海市有关规定保障信息安全，并对获取的商业秘密、个人信息予以保护，不得随意泄露和违规使用平台获取到的家政服务机构、家政服务人员以及用户的相关信息。

本条第二款明确家政服务机构建立业务管理系统的，鼓励将其业务系统与家政服务管理平台对接，以便实现相关信息的快速、高效传递。

第二十二条 商务、市场监管、人力资源社会保障等部门应当按照各自职责加强对家政服务行业的监管，健全投诉举报处理工作机制，及时受理相关投诉举报，并依法处理。

【释义】 本条是关于行政管理部门加强行业监管并受理家政服务投诉举报的规定。

本条从保障相关方面权益出发，发挥社会的监督作用，规定相关政府部门应当加强行业监管，并建立健全投诉举报机制。其中，商务部门作为上海市家政服务行业的主管部门，负责与行业管理相关的各类投诉举报工作；市场监管部门作为消费者权益保护的牵头部门和对违反《条例》规定的行为行使行政处罚权的部门，主要负责家政服务消费纠纷以及《条例》第三十九条所列相关违法行为的投诉举报工作；人力资源社会保障部门主要负责职业技能培训、劳动关系纠纷等方面的投诉举报工作。为此，商务、市场监管、人力资源社会保障等部门应当健全投诉举报处理工作机制，及时受理相关投诉举报，并依法处理。

需要说明的是，《上海市市场监督管理投诉举报处理程序规定》已经统一了市场监督管理投诉举报处理程序，涉及市场监管部门的投诉举报，可以依据此规章处理。

第二十三条 家政服务机构应当建立方便、快捷的家政服务投诉处理机制，及时处理家政服务投诉。

家政服务行业组织可以建立家政服务纠纷调解机制，对家政服务活动中产生的纠纷进行调解。

消费者权益保护委员会负责受理与家政服务活动有关的消费者投诉，对投诉事项进行调查、调解，或者提出意见转送有关部门和单位处理。

居(村)民委员会、相关调解组织可以对家政服务活动中的纠纷进行调解。

【释义】 本条是关于家政服务纠纷多元化调解机制的规定。

本条第一款明确了家政服务机构在化解家政服务纠纷方面的主体责任。该款要求家政服务机构建立方便、快捷的家政服务投诉处理机制，及时处理家政服务投诉。家政服务机构建立方便、快捷的家政服务投诉处理机制，一是有利于及时解决用户与家政服务人员之间的矛盾、纠纷，二是有利于家政服务机构提升管理、服务能力，三是有利于提升家政服务机构的品牌效应。

本条第二款规定了家政服务行业组织可以建立家政服务纠纷调解机制，对家政服务活动中产生的纠纷进行调解。根据《上海市促进行业协会发展规定》，行业协会可以对会员之间、会员与非会员之间或者会员与消费者之间就行业经营活动产生的争议事项进行协调。家政服务行业组织作为行业自律组织，在服务企业发展、维护会员权益、调解行业内纠纷等方面具备独特优势。本款作此规定，意在充分发挥行业组织这一优势，构建和谐的行业发展环境。

本条第三款规定了消保委在化解家政服务纠纷中的责任。消保组织作为《中华人民共和国消费者权益保护法》《上海市消费者权益保护条例》明确授权的受理消费者投诉组织，本款明确其负责受理与家政服务活动有关的消费者投诉，对投诉事项进行调查、调解，或者提出意见转送有关部门和单位处理。

根据《中华人民共和国村民委员会组织法》《中华人民共和国城市居民委员会组织法》的规定，村民委员会、居民委员会承担调解民间纠纷的任务。相关的人民调解组织、专业调解组织更是具有开展纠纷调解活动的职能。为充分整合这些资源，化解家政服务纠纷，本条第四款规定居(村)民委员会、相关调解组织可以对家政服务活动中的纠纷进行调解。

第四章　促进和发展

第二十四条　家政服务机构在社区设置服务网点，其租赁场地水电等费用不受用房性质限制，按照居民价格计费。本市支持依托政府投资建设的城乡社区综合服务设施或者场地设立家政服务网点，符合条件的可以减免租赁费用。

【释义】　本条是关于支持社区家政服务网点建设的规定。

促进家政服务业提质扩容，需要抓住关键、精准施策。社区既是发展家政、养老、托幼等服务业的基本依托，也是长期以来有效供给的短板，从未来看是发展的方向。人民群众期盼一个电话、一个 APP 就能让服务快速便捷上门，就能够享受到"一碗汤"距离的高品质服务。为此，国办 30 号文规定，支持家政服务机构在社区设置服务网点。家政服务机构在社区设置服务网点，其租赁场地不受用房性质限制，水电等费用实行居民价格。支持依托政府投资建设的城乡社区综合服务设施（场地）设立家政服务网点，有条件的地区可减免租赁费用。

本条贯彻落实国办 30 号文的精神，针对社区家政服务有效供给不足的短板，规定了一系列支持家政服务机构在社区设置服务网点的政策，包括租赁场地不受用房性质限制，水电等费用实行居民价格。依托政府投资建设的城乡社区综合服务设施（场地）设立家政服务网点，符合条件可减免租赁费用，着力推动家政进社区，促进居民就近享有便捷服务。

第二十五条 市人力资源社会保障等部门应当将家政服务纳入职业培训计划。

家政服务人员参加职业培训的，按照本市职业技能培训补贴政策给予培训费补贴。

支持家政服务机构开展员工职业培训。鼓励家政服务人员参加职业技能鉴定和职业技能大赛。鼓励职业院校、社区教室以及由政府投资兴办的公共实训基地向家政服务人员培训开放。

【释义】 本条是关于家政服务人员职业培训的规定。

职业培训是提高劳动者技能水平和就业创业能力的主要途径，加强职业培训是促进就业和经济发展的重大举措。国务院办公厅《关于印发职业技能提升行动方案（2019—2021年）的通知》（国办发〔2019〕24号）明确提出要把职业技能培训作为保持就业稳定、缓解结构性就业矛盾的关键举措，作为经济转型升级和高质量发展的重要支撑。坚持需求导向，服务经济社会发展，适应人民群众就业创业需要，大力推行终身职业技能培训制度，面向职工、就业重点群体等城乡各类劳动者，大规模开展职业技能培训，加快建设知识型、技能型、创新型劳动者大军。

人力资源社会保障部门在推动职业培训发展方面，负有统筹协调的职责。《上海市职业教育条例》规定，市人力资源社会保障部门主管上海市以职业技能为主的职业培训工作。因此，本条第一款规定了市人力资源社会保障等部门应当将家政服务纳入职业培训计划的工作职责，以提升家政服务人员的职业素质和就业能力。目前，育婴员、母婴护理、家政服务等与家政服务行业相关的培训项目已列入上海市职业技能培训补贴目录。

本条第二款规定家政服务人员参加职业培训的，按照上海市职业技能培训补贴政策给予培训费补贴。按照《上海市社会化职业技能培训补贴管理办法》规定，经认定的上海市养老护理行业和家庭服务行业 60 岁以下从业人员，在上海市参加职业培训，家政服务、健康照护、母婴护理等相关职业（工种）的职业资格、职业技能、专项职业能力或岗位培训，考核鉴定合格的，可给予培训费补贴。该类补贴经费核拨到企业或委托的签约补贴培训实施机构。企业或补贴培训实施机构应在满足补贴条件之日起六个月内提交培训补贴申请，逾期视作放弃补贴申请。各区资金审核部门应在收到申请的三个月内完成审核，并在区政府或人力资源社会保障部门网站进行公示后，按规定程序核拨补贴经费。补贴经费从就业补助资金中列支。

本条第三款体现了上海市统筹各类培训资源，建立健全以企业、职业院校、社区、公共实训基地为载体的职业培训体系，大力开展家政服务人员职业培训的政策导向。国办 30 号文要求各地要以较低成本向家政服务机构提供闲置厂房、社区用房等作为家政服务培训基地，共享职业院校、社区教室等培训资源。因此本款不仅支持家政服务机构开展员工职业培训，鼓励家政服务人员参加职业技能鉴定和职业技能大赛，同时鼓励各类培训资源向家政服务人员开放，多渠道、多途径提升家政服务人员职业技能。

第二十六条　市商务部门应当会同市卫生健康部门确定不同类别家政服务人员的体检项目和标准。

在家政服务管理平台上备案的家政服务人员参加体检的，按照本市有关规定给予体检费用支持。

【释义】　本条是关于家政服务人员分类体检的规定。

本条第一款规定市商务部门应当会同市卫生健康部门，分类确定家政服务人员体检项目和标准。家政服务是家政服务人员与用户发生密切接触的入户服务，而且不同的家政服务类别下密切接触程度有所不同。分类制定科学合理的家政服务人员体检项目和标准，例如对育婴员、养老护理员等实行更加严格的岗前健康体检，有助于创造卫生、安全的家政服务环境，切实维护广大消费者和家政服务从业人员的合法权益。国办 30 号文明确提出要分类制定家政服务人员体检项目和标准。研究制定科学合理的家政服务人员体检项目和标准，育婴员、养老护理员等职业应实行更加严格的岗前健康体检，其他从业人员上岗前应按所从事的家政服务类别进行体检。2020 年 1 月，在市商务部门、市卫生健康部门的指导下，上海市家庭服务业行业协会联合上海市公共卫生临床中心共同制定了《上海市家政服务人员分类健康体检标准》，将家政服务人员分为一般家政服务员、居家家政服务员、养老照护服务员、母婴照护服务员四个类别，实行分级体检标准。标准从四级到一级逐级加严，符合四级标准，可从事一般家政；符合三级标准，可从事居家家政；符合二级标准，可从事养老照护；符合一级标准，可从事母婴照护。

为鼓励家政服务人员积极参加体检，本条第二款规定在家政服务管理平台上备案的家政服务人员参加体检，按照上海市有关规定给予体检费用支持。

第二十七条　市教育等部门应当将家政服务纳入职业教育计划。

本市支持高等院校和职业院校开设家政服务相关专业，培养家政服务专业人才。

鼓励符合条件的家政服务机构举办家政服务类职业院校，有关部门应当设立审批绿色通道，简化流程，优化服务。

【释义】　本条是关于加大家政服务人才培养力度的规定。

家政服务质量的提高，关键在人才。本条旨在加大家政服务人才培养力度，提高从业人员素质，从源头上提高服务质量，从而提升家政服务行业整体服务能级与服务水平。

本条第一款规定市教育等部门将家政服务纳入职业教育计划的工作职责。《中华人民共和国职业教育法》规定，职业教育是国家教育事业的重要组成部分，是促进经济、社会发展和劳动就业的重要途径。公民有依法接受职业教育的权利。劳动者在就业前或者上岗前需接受必要的职业教育。《上海市职业教育条例》规定，上海市建立健全与经济社会发展相适应，人才培养与劳动就业相结合，职业学校教育和职业培训并重，中等、高等职业教育相衔接，与其他教育互相沟通、协调发展，产教深度融合，体现终身教育理念的职业教育体系。市教育行政部门主管上海市职业学校教育和以文化教育为主的职业培训工作。市人力资源社会保障部门主管上海市以职业技能为主的职业培训工作。为此，市教育等部门应当将家政服务纳入职业教育计划，对接家政服务业提质扩容的需要，完善专业目录，增补有关专业，引导和鼓励院校加强人才培养，为家政服务业发展提供人才和智力支撑。

本条第二款规定鼓励上海市本科高校和职业院校（含技工院校）开设家政服务相关专业，加强家政服务专业人才培养。按照国办30号文的要求，每个省份原则上至少有一所本科高校和若干所职业院校开设家政服务相关专业。高职扩招专项工作向家政等领域倾斜；扩大中高职贯通培养招生规模，支持家政服务从业人员通过高职扩招专项考试、专升本等多种渠道来提升学历。本款的规定落实了国办文件的要求，有助于提高上海市家政服务相关专业人才培养质量。

本条第三款鼓励符合条件的家政服务机构举办家政服务类职业院校，并规定有关部门应当设立审批绿色通道，简化流程，优化服务。支持家政服务机构举办家政服务类职业院校，有助于培育产教融合型家政服务机构，拓展职业教育校企合作深度，扩大家政职业教育的覆盖面。国办 30 号文明确提出政府支持一批家政服务机构举办职业教育。将家政服务列为职业教育校企合作优先领域，打造一批校企合作示范项目。

第二十八条 鼓励保险机构开发家政服务意外伤害保险、家政服务责任保险、家政服务第三者责任保险等保险产品。

鼓励家政服务机构、家政服务人员与用户购买家政服务相关保险产品。

在家政服务管理平台上备案的家政服务人员购买家政服务相关保险产品的，可以按照有关规定申请补贴。

【释义】 本条是关于支持家政服务商业保险发展的规定。

保险是规避风险、减少损失的重要机制。家政服务人员无论是本人在家政服务过程中受到伤害，还是给用户造成损害，在经济上都可能造成难以承受的结果。因此，政府部门应当引导家政服务商业保险发展，保障家政从业人员和消费者的合法权益，让劳动者干得安心，消费者用得放心。中国银保监会、发展改革委、教育部、民政部、司法部、财政部、人力资源社会保障部、自然资源部、住房城乡建设部、商务部、卫生健康委、税务总局、医保局《关于促进社会服务领域商业保险发展的意见》（银保监发〔2020〕4 号），明确提出引导商业保险机构大力发展教育、育幼、家政、文化、旅游、体育等领域商业保险，包括面向旅游、体育等特定场所和设施的公众责任保险、财产损失保险，以及针对婴幼儿托育、家政服务、体育运动等特定人群的责任保险、人身保险等，开发专属保险产品，优化业务流程，改进保险服务，加大保障力度。国办 30 号文也明确支持发展家政商业保险。鼓励保险公司开发专门的家政服务责任保险、意外伤害保险产品。鼓励家政企业参保雇主责任保险，为员工投保意外伤害保险、职业责任保险。鼓励有条件的地区组织家政企业和从业人员统一投保并进行补贴。

本条第一款规定鼓励保险机构开发家政服务保险产品。包括鼓励保险公司开发专门的家政服务责任保险、意外伤害保险等家政服务商业综合保险产品，推动保险服务机构开发家政服务商业保险，多方筹集资金为家政服务人员购买责任和意外保险，解除家政服务机构、家政服务人员和用户的后顾之忧。

本条第二款鼓励家政服务机构、家政服务人员与用户购买家政服务相关保险产品。例如，家政服务机构可以投保雇主责任保险，为员工投保意外伤害保险、职业责任保险；家政服务人员可以投保意外伤害保险、职业责任保险等；用户投保家政服务商业综合保险等，以保障安全，控制风险。

本条第三款规定在家政服务管理平台上备案的家政服务人员购买保险产品可以按照有关规定申请补贴，以减轻家政服务各方的投保成本，鼓励各方积极投保。

第二十九条 本市鼓励商业银行为信用状况良好且符合条件的家政服务机构提供无抵押、无担保的信用贷款。

本市支持符合条件的家政服务机构发行社会领域产业专项债券。

【释义】 本条是关于强化家政服务机构金融支持的规定。

本条第一款规定鼓励商业银行为信用状况良好且符合条件的家政服务机构提供无抵押、无担保的信用贷款。家政服务机构的发展壮大离不开金融支持。家政服务机构绝大多数是中小企业，在获取贷款方面与其他中小企业一样，面临银企信息不对称、融资难、融资贵等问题。为支持金融机构破解中小微企业融资难、融资贵问题，国家发展改革委、银保监会《关于深入开展“信易贷”支持中小微企业融资的通知》（发改财金〔2019〕1491 号）鼓励金融机构对接全国中小企业融资综合信用服务平台，创新开发“信易贷”产品和服务，加大“信易贷”模式的推广力度。鼓励金融机构以提升风险管理能力为立足点，减少对抵质押担保的过度依赖，逐步提高中小微企业贷款中信用贷款的占比。国办30号文也提出开展家政服务“信易贷”试点。依托全国信用信息共享平台，引导和鼓励商业银行在市场化和商业自愿的前提下为信用状况良好且符合条件的家政服务机构提供无抵押、无担保的信用贷款。为此，本款对商业银行为信用状况良好且符合条件的家政服务机构提供无抵押、无担保的信用贷款服务，作了鼓励性规定。

本条第二款规定了符合条件的家政服务机构可以发行社会领域产业专项债券，进一步拓展融资渠道。国办30号文明确提出拓展发行专项债券等多元化融资渠道。支持符合条件的家政服务机构发行社会领域产业专项债券。2017年8月，国家发展改革委印发的《社会领域产业专项债券发行指引》对发行社会领域产业专项债券适用范围、发行条件、审核要求等作出了明确的规定。符合条件的家政服务机构可以享受相关的政策。

第三十条 本市支持有条件的员工制家政服务机构提供职工集体宿舍。鼓励将城市现有设施改造作为员工制家政服务机构员工集体宿舍，园区配建职工宿舍优先面向员工制家政服务机构员工。

本市将符合条件的家政服务人员纳入公租房保障范

围，支持员工制家政服务机构集体租赁公租房。

家政服务人员自行租赁房屋居住且符合有关规定的，可以申请租赁补贴。

【释义】 本条是关于家政服务人员住房保障的规定。

让家政服务供需双方能安心服务放心使用，关键在保障，而住房保障是保障中非常关键的一环。本条采取多种方式帮助解决家政服务人员改善居住条件的需求，并积极适应家政服务提质扩容需求，在住房保障方面向员工制家政服务机构倾斜。

本条第一款规定上海市支持有条件的员工制家政服务机构提供职工集体宿舍，园区配建职工宿舍优先面向员工制家政服务人员。员工制家政服务机构可以利用城市现有设施改造作为员工制家政服务人员集体宿舍。多措并举，为解决员工制家政服务机构职工集体宿舍不足的难题提供支持。

本条第二款将符合条件的家政服务人员纳入公租房保障范围，并支持员工制家政服务机构集体租赁公租房。把符合条件的员工制家政服务人员纳入公租房保障范围，可以有效解决从业人员的居住问题。市住房保障房屋管理局等六部门制定的《本市发展公共租赁住房的实施意见》，规定了申请公共租赁住房的准入条件、申请和审核程序。符合条件的家政服务人员和家政服务机构可以积极申请享受相关政策。

从上海市目前的现实情况来看，家政服务人员通过市场自行租房居住的比例仍然比较高。为降低这部分人员的租房负担，本条第三款规定家政服务人员通过市场租房居住且符合条件的，可以申请租赁补贴。

第三十一条 家政服务人员可以按照本市居住证积分管理的有关规定，申请积分办理，享受相应的公共服务。

符合本市落户政策规定的家政服务人员，可以申办本市常住户口。

【释义】 本条是关于家政服务人员居住证积分办理、落户的规定。

本条第一款规定了家政服务人员可以按照上海市居住证积分管理的有关规定，申请积分办理，享受相应的公共服务。根据《上海市居住证积分管理办法》，居住证积分制度是通过设置积分指标体系，对在上海市合法稳定居住和合法稳定就业的居住证持有人进行积分，将其个人情况和实际贡献转化为相应的分值。积分达到标准分值的，就可以享受相应的公共服务待遇。家政服务人员可以按照《上海市居住证积分管理办法》的相关要求，申请积分办理。持有上海市居住证的家政服务人员在上海市享有劳动就业，参加社会保险，缴存、提取和使用住房公积金的权利，并按规定享受义务教育、基本公共就业服务等基本公共服务。

本条第二款规定符合上海市落户政策规定的家政服

务人员，可以申办本市常住户口。2019 年 12 月，市政府印发了《持有〈上海市居住证〉人员申办本市常住户口办法》（沪府规〔2019〕45 号），明确了持证人员申办上海市常住户口的条件和程序。2020 年 1 月，市人社局、市发改委、市公安局、市教委、市卫健委、市农业农村委印发了《持有〈上海市居住证〉人员申办本市常住户口办法实施细则》，对相关规定进行了细化。符合条件的家政服务人员按规定申办上海市常住户口。

第三十二条 公安部门和公共信用信息归集部门应当配合相关部门做好家政服务人员的信息查验工作。

【释义】 本条是关于政府部门做好家政服务人员信息查验工作的规定。

行业的健康规范发展，需要有效的监管。家政服务是一种进入家庭的贴近服务，家政服务人员个人信息的真实性，是用户普遍关心的问题，因此有必要建立从业人员身份验证、职业背景信息验证核查、信用记录查询等制度，增强用户的安全感。为确保信息查验的准确性、及时性与便捷性，本条要求公安部门、公共信用信息归集部门配合相关部门做好家政服务人员的信息查验工作。

第三十三条 家政服务人员有权加入工会组织。家政服务人员加入工会的，可以参加工会举办的互助保障计划。

工会、共产主义青年团、妇女联合会等团体应当维护家政服务人员的合法权益，配合有关部门开展家政技能培训和职业道德、法治、诚信教育，提升家政服务人员的服务水平和职业素养，将家政服务人员纳入评选劳动模范、新长征突击手、三八红旗手等荣誉称号的范畴。

【释义】 本条是关于保障家政服务人员合法权益的规定。

本条第一款规定家政服务人员有权加入工会组织。家政服务人员加入工会的，可以参加工会举办的互助保障计划。按照《中华人民共和国工会法》的规定，在我国境内的企业、事业单位、机关中以工资收入为主要生活来源的体力劳动者和脑力劳动者，不分民族、种族、性别、职业、宗教信仰、教育程度，都有依法参加和组织工会的权利。任何组织和个人不得阻挠和限制。近年来，上海市工会组织也在积极探索适合家政服务人员特点的入会形式，保障其合法权益，促进实现体面劳动。截至 2019 年年底，全市已有 2 万余名家政服务人员加入了工会组织。职工互助保障是工会组织以互助互济方式维护职工权益的重要载体，是基本医疗制度的有力补充，可以帮助职工提高抵御疾病和意外风险的能力，发挥“职工第二医保”的作用。加入工会的家政服务人员可以参加工会举办的互助保障计划。

本条第二款规定了工会、共青团、妇联等群团组织在维护家政服务人员的合法权益、提升家政服务人员的服务水平和职业素养、促进家政服务人员实现职业发展的职责。相关职责包括配合有关部门开展家政技能培训和职业道德、法治、诚信教育，在上海市劳动模范、新长征突击手、三八红旗手等荣誉称号的评选中应当将家政服务人员纳入评选范围等。这些举措，有助于在全社会倡导诚实劳动、诚信经营、诚心服务的家政服务职业精神，营造关心、关注家政服务，尊重家政服务职业的良好氛围。

第五章　行 业 建 设

第三十四条　家政服务行业组织可以依照章程开展下列工作：

（一）向相关部门提出立法或者政策制定建议，反映本行业相关事项；

（二）组织制定家政服务团体标准和行业规范，提出家政服务地方标准的制定建议；

（三）开展家政服务质量监测；

（四）组织家政服务机构开展家政服务人员体检、技能培训；

（五）其他促进行业发展的服务事项。

【释义】　本条是关于家政服务行业组织的职能的规定。

行业组织是连接政府与市场、社会之间的桥梁纽带。2016年8月，中办、国办《关于改革社会组织管理制度促进社会组织健康有序发展的意见》提出要进一步发挥社会组织在促进经济发展、管理社会事务、提供公共服务中的作用。支持社会组织尤其是行业协会商会在服务企业发展、规范市场秩序、开展行业自律、制定团体标准、维护会员权益、调解贸易纠纷等方面发挥作用，使之成为推动经济发展的重要力量。因此，《条例》突出行业自律的理念，注重发挥行业组织在推动行业规范发展方面的作用。

本条赋予家政服务行业组织依据章程的规定，开展一系列工作的权利。依据《上海市促进行业协会发展规定》，行业协会的宗旨是为会员提供服务，维护会员合法权益，保障行业公平竞争，沟通会员与政府、社会的联系，促进行业经济发展。行业协会可以制定本行业的行规行约，可以向政府有关工作部门提出制定有关技术标准的建议或者参与有关技术标准的制定。行业协会可以代表本行业向有关国家机关反映涉及行业利益的事项，提出经济政策和立法方面的意见和建议。为此，本条规定家政服务行业组织可以依照章程开展下列工作，包括充分发挥家政服务行业组织了解行业情况、发展诉求的优势，明确其可以向政府相关部门提出立法或者政策制定的建议，反映本行业相关事项；充分调动其参与标准化工作的积极性，明确其可以组织制定家政服务团体标准和行业规范，提出家政服务地方标准的制定建议，健全完善本市家政服务标准体系；强化其行业自律职能，由其开展家政服务质量监测，提升家政服务质量；由其组织家政服务机构开展人员体检和培训，保障家政服务人员的合法权益。当然，前述列举之外的其他促进行业发展的服务事项，行业组织也可以依据章程开展。

第三十五条　家政服务行业组织可以在市标准化行政管理等部门的指导下，制定家政服务人员的服务能力评定标准，由本行业组织内的家政服务机构约定采用或者按照本行业组织的规定供社会自愿采用。

人力资源社会保障等部门根据家政服务人员国家职业技能标准，指导经认定的家政服务行业组织等开展职业技能等级认定并颁发职业技能等级认定证书。

家政服务行业组织可以根据本市经济社会发展状况，发布家政服务技能等级薪酬指导意见。

【释义】 本条是关于家政服务行业组织开展家政服务能力评定团体标准制定、职业技能等级认定、发布技能等级薪酬指导意见的规定。

完善家政服务标准体系，对于提升家政服务的规范化水平至关重要。按照《中华人民共和国标准化法》的规定，标准包括国家标准、行业标准、地方标准、团体标准和企业标准。本条第一款规定家政服务行业组织可以在市标准化等部门的指导下，制定家政服务人员的服务能力评定的团体标准。该标准也属于推荐性标准，由团体内成员自愿采用或者按照本行业组织的规定供社会自愿采用。

本条第二款规定了市人力资源社会保障部门指导相关家政服务行业组织开展职业技能等级认定的职责。《上海市职业教育条例》规定，市人力资源社会保障部门主管上海市以职业技能为主的职业培训工作。上海市建立健全以职业能力为导向、以工作业绩为重点、注重工匠精神培育和职业道德养成的技能人才评价体系，实行职业资格评价、职业技能等级认定、专项职业能力考核等多元化评价方式。对于评价合格的劳动者，依法核发相应的职业资格证书、职业技能等级证书、专项职业能力证书等技能评价证书。2018 年 12 月，人力资源社会保障部开展了职业技能等级认定试点工作。2019 年 8 月，国务院办公厅印发的《全国深化“放管服”改革优化营商环境电视电话会议重点任务分工方案》，明确提出推动技能人员水平评价类职业资格分批调整退出国家职业资格目录，2019 年年底前建立完善职业技能等级制度，推动实现由用人单位和第三方机构开展职业技能等级认定、颁发职业技能等级证书，政府不再颁发职业技能等级证书。目前，该项工作在不断深化中。因此，市人力资源社会保障等部门应当积极指导经认定的家政服务行业组织等开展职业技能等级认定及认定证书颁发等工作。

本条第三款规定了家政服务行业组织可以发布服务薪酬价位指导意见。《上海市价格管理条例》赋予了行业协会开展行业内的价格管理、协调工作，向政府及其价格主管部门提出本行业有关实施政府定价或者政府指导价的建议，指导本行业经营者的定价行为，协调本行业的价格争议，引导、鼓励本行业的非会员单位参与行业的价格协商等职能。家政服务行业组织可以根据家政服务人员工作年限、技能等级、客户评价等方面综合参数，制定家政服务人员工资薪酬指导价位，并将家政服务机构等级与服务收费标准挂钩，建立合理规范的行业服务价格和服务机构收费标准指导体系，以促进家政服务市场形成合理的价格水平。

第三十六条 家政服务行业组织可以依照章程对家政服务机构和家政服务人员开展社会评价工作，并提供相应的查询渠道。

对本行业组织内的家政服务机构的信用状况，家政服务行业组织应当依照章程予以记录。

【释义】 本条是关于家政服务行业组织开展社会评价和信用记录的规定。

当前，上海市家政服务业在快速发展过程中，也伴随着许多问题。例如行业进入无准入门槛，从业人员流动性大；市场存在无序竞争现象，服务人员存在不安心、消费者存在不放心现象；家政服务存在价高质次的问题，在服务质量方面虽有行业标准，但难以推行。诚信、安全成为行业最为突出的现实需求。因此，建立家政服务业的信用体系，归集家政服务机构和家政服务人员的信用记录，对于家政服务行业诚信环境的建设非常重要。

本条第一款规定家政服务行业组织可以依照章程对家政服务机构和家政服务人员开展社会评价工作，并为包括用户在内的社会公众提供查询渠道，目的就在于强化行业监督、公众监督，发挥社会评价对规范行业治理的积极作用，以推动行业自律。

本条第二款规定家政服务行业组织可以依照章程，记录本行业组织内家政服务机构的信用状况。按照《上海市社会信用条例》的规定，家政服务行业组织可以记录家政服务机构的信用信息。家政服务行业组织记录的家政服务机构信用信息，与行政机关、司法机关、公共企业事业单位等在履职过程中获取的有关家政服务机构的信用信息，以及用户、第三方信用服务机构等对家政服务机构的信用评价信息等，汇总起来，就构成了对家政服务机构进行分类信用监管的基础，有助于提升行业管理的精准性和有效性。

第三十七条 家政服务行业组织对违反家政服务行业规范、行业组织章程，损害行业形象的家政服务机构，可以依照章程采取相应的行业惩戒措施；对涉嫌违反法律、法规的，应当向相关部门举报。

【释义】 本条是关于家政服务行业组织实施行业惩戒的规定。

行业自律是社会管理的重要组成部分，其宗旨是规范行业行为，协调同行利益关系，维护公平竞争，促进行业健康有序发展。行业组织在服务企业的同时，要充分发挥行业自律作用，建立健全行业规范和奖惩机制。

本条规定家政服务行业组织对违反行规行约的家政服务机构，可以依照章程实施行业惩戒措施。依据《上海市促进行业协会发展规定》，行业协会对违反行业协会章程或者行规行约、损害行业整体形象的会员，可以按照行业协会章程的规定，采取相应的行业自律措施，并可将有关行业自律措施告知政府有关工作部门。对行业内违法经营的企业或者其他经济组织，行业协会可以建议并协助政府有关工作部门予以查处。作此规定是因为家政服务机构一旦加入家政服务行业组织，就应当自觉遵守行业规范和行业组织章程。如果其违反了行业规范、行业组织章程，损害了行业形象，家政服务行业组织就有权依据章程，根据违规行为的实际情况，给予行业内通报批评、公开谴责、将其失信信息记入会员信用档案、取消会员资格等行业惩戒措施，以维护行业秩序。当然，根据《上海市促进行业协会发展规定》，行业协会会员对行业协会实施行业规则、行业自律措施或者其他决定有异议的，可以提请行业协会进行复核，或者依法提请政府有关工作部门处理。

需要指出的是，行业惩戒措施不等同于行政处罚，不得以行业惩戒措施代替行政处罚，也不得以行政处罚代替行业惩戒措施。家政服务行业组织发现家政服务机构涉嫌违法、违规的，无论是否已实施行业惩戒措施，都应当将发现的违法违规线索，向有关部门举报。

第六章 法 律 责 任

第三十八条 违反本条例规定的行为，法律、法规有处罚规定的，依照其规定处理。

【释义】 本条是关于法律责任指引条款的规定。

违反本《条例》规定的行为，有的也是法律、行政法规或者其他地方性法规予以禁止的行为，并且已经设置了相应的处罚规定。根据《中华人民共和国立法法》第八十八条规定："法律的效力高于行政法规、地方性法规、规章。""行政法规的效力高于地方性法规、规章。"因此，本《条例》对法律责任部分作了相应的处理，即对法律、法规已有明确规定的法律责任，原则上不再重复规定，而是设定了一个指引条款，即依照有关法律、法规的规定处理，只对本《条例》新设定的义务性规范，规定相应的法律责任条款。其中，需要说明的是，对于已在上海市其他地方性法规中有法律责任规定的行为，则构成法律规范竞合。尽管本《条例》属于"新的规定"，但是本条对此作出了法律适用上的明确，即适用其他地方性法规的法律责任规定，不适用"新的规定与旧的规定不一致的，适用新的规定"这一法律适用规则。

第三十九条 家政服务机构有下列情形之一的，区商务部门应当及时开展核查，并将线索告知区市场监管部门。经查明属实的，由区市场监管部门责令限期改正；拒不改正的，处二千元以上二万元以下罚款；情节严重的，处二万元以上五万元以下罚款：

（一）违反本条例第十九条规定，未报送机构备案信息、未及时报送变更信息，或者报送虚假机构备案信息的；

（二）违反本条例第二十条第一款规定，未报送人员备案信息，或者报送虚假人员备案信息的；

（三）违反本条例第二十一条第一款规定，未报送家政服务信息，或者报送虚假家政服务信息的。

【释义】 本条是关于家政服务机构违反信息报送义务承担法律责任的规定。

《条例》第十九条对家政服务机构通过家政服务管理平台报送机构备案信息、变更信息等作了义务性规定，第二十条第一款对家政服务机构报送人员备案信息作了义务性规定，第二十一条第一款对家政服务机构报送人员服务信息作了义务性规定。家政服务机构报送的上述信息构成了政府行政监管的基础，如果家政服务机构不履行信息报送义务或者报送虚假信息的，将扰乱家政服务行业行政监管秩序。对于违反上述义务性规定的行为，本条规定由区市场监管部门责令限期改正；拒不改正的，处二千元以上二万元以下罚款；情节严重的，处二万元以上五万元以下罚款。

本条还建立了区级商务部门和市场监管部门在家政

服务领域行政监管和执法的协作机制。区商务部门在履行行业监管职责过程中发现家政服务机构涉嫌违反本《条例》第十九条、第二十条第一款、第二十一条第一款情形的,应当及时开展核查,获取相关违法情况的线索,并将线索告知区市场监管部门。区市场监管部门接到区商务部门告知的线索后,应当按照本《条例》及相关法律、法规的规定办理相关案件,依法决定是否立案调查以及是否作出行政处罚决定。

需要注意的是,本着“处罚和教育相结合”的原则,本条设定的罚则都规定了“责令改正”这一前置程序。对于当事人的违法行为经查明属实的,区市场监管部门应当先责令当事人在一定期限内改正违法行为,这个期限由执法机关根据实际情况把握,总的要求是,既要给予当事人必要的时间便于改正又不能给予过长的时间导致执法失之于宽。当事人在改正期限届满后仍未改正的,即构成本条所称的“拒不改正”,市场监管部门可以视情节轻重处以不同额度罚款。

第四十条 家政服务活动中,家政服务机构、家政服务人员或者用户侵犯他人合法权益的,应当依法承担相应的民事责任。

【释义】 本条是关于民事责任的规定。

民事责任,是指民事主体在民事活动中因实施了民事违法行为或者基于法律特别规定,根据民事法律所应承担的不利民事法律后果。民事责任属于法律责任的一种，是保障民事权利实现和民事义务履行的重要制度。作为一项民事救济手段，旨在使受害人被侵犯的权益得以恢复。民事责任的承担方式适用《中华人民共和国民法总则》和《中华人民共和国民法典》的规定，包括停止侵害、排除妨碍、消除危险、返还财产、恢复原状、修理、重作、更换、继续履行、赔偿损失、支付违约金、消除影响、恢复名誉、赔礼道歉等。法律规定惩罚性赔偿的，依照其规定。民事责任的承担方式，可以单独适用，也可以合并适用。

本条是关于民事侵权责任的指引性规定。根据本条规定，家政服务活动应当遵循自愿平等、诚实守信、安全便民的原则。家政服务机构、家政服务人员及用户的合法的民事权利受法律保护。家政服务机构、家政服务人员或者用户违反法律规定侵犯他人合法权益的，依据《中华人民共和国侵权责任法》和《中华人民共和国民法典》等法律的规定承担民事责任。

第四十一条　家政服务活动中，家政服务机构、家政服务人员或者用户违反治安管理规定的，由公安机关依法予以处罚；构成犯罪的，依法追究刑事责任。

【释义】　本条是关于治安处罚和刑事责任的规定。

家政服务活动是一项具有社会属性的活动，尽管家政服务的主要履行地点是以用户的室内为主，但同样应当依法维护正当的公共秩序和公共安全。在家政服务活动中不得侵犯他人的人身权利、财产权利，不得妨害社会管理。

公安机关依法履行维护社会治安的职责，对于违反治安管理规定的行为，公安机关应当依法予以处罚。治安管理处罚，是指扰乱公共秩序，妨害公共安全，侵犯人身权利、财产权利，妨害社会管理，具有社会危害性，尚不够刑事处罚，应当由公安机关依法给予制裁的处罚措施。根据《中华人民共和国治安管理处罚法》的规定，治安管理处罚的种类分为警告、罚款、行政拘留等。治安管理处罚必须以事实为依据，与违反治安管理行为的性质、情节以及社会危害程度相当。在家政服务活动中，家政服务机构、家政服务人员或者用户违反治安管理规定的，由公安机关依法予以处罚。

本条还规定了家政服务机构、家政服务人员或者用户的相关违法行为构成犯罪的，应当依据《中华人民共和国刑法》追究其刑事责任。所谓刑事责任是指犯罪人实施刑法所禁止的行为（作为或者不作为）后向国家担负的刑事法律后果。刑事责任具有强制性和严厉性的特征。刑事责任通常跟刑罚联系在一起，根据《中华人民共和国刑法》的规定，刑罚包括主刑和附加刑两种。主刑有管制、拘役、有期徒刑、无期徒刑和死刑，附加刑有罚金、剥夺政治权利和没收财产。本条对于刑事责任统一作出规定，而且不涉及具体的罪名内容，这主要是为了与刑法相衔接，同时又可以使条文比较简捷，避免重复。

第四十二条 有关行政管理部门工作人员在家政服务管理工作中玩忽职守、滥用职权、徇私舞弊的，依法给予处分；构成犯罪的，依法追究刑事责任。

【释义】 本条是关于行政管理部门工作人员不依法履行职责应承担法律责任的规定。

国务院《全面推进依法行政实施纲要》指出，行政机关要树立“有权必有责、用权受监督、违法受追究、侵权须赔偿”的意识，主动接受对权力的监督。本条规定的“有关行政管理部门”是指依据本《条例》履行管理和促进等职责的政府部门，主要是商务部门，还包括发展改革、财政、人力资源社会保障、规划资源、住房城乡建设管理、卫生健康、市场监管、房屋管理、民政、教育、公安、统计等部门。法规赋予这些部门行政处罚、监督检查、促进发展等职责，其工作人员应当依法认真履行各自职责，忠于职守。对于违反规定，不履行或者不正确履行行政职责的工作人员，将依法追究其法律责任。

本条主要对行政管理部门工作人员的滥用职权、玩忽职守、徇私舞弊行为规定了法律责任：

1. “滥用职权”，是指行政管理部门工作人员对属于职权范围内的事项，故意超过职权范围行使职权或者不适当地使用职权，以不当目的或者以不法方法，实施违反职务宗旨的行为；

2. “玩忽职守”，是指行政管理部门工作人员对工作严重不负责任，致使公共财产、国家和人民利益遭受损失的行为；

3.“徇私舞弊”，是指行政管理部门工作人员为徇个人私利，对明知是违法的行为，贪图钱财、弄虚作假、袒护亲友，或者为其他私情、私利而违背事实和法律处理公务的行为。

在家政服务业监管过程中，对于有上述违法行为的行政管理部门工作人员，应当依法给予处分。根据《中华人民共和国公务员法》的规定，公务员因违纪违法应当承担纪律责任的，依照本法给予处分或者由监察机关依法给予政务处分。处分分为：警告、记过、记大过、降级、撤职、开除。具体给予哪种处分，应当根据工作人员的违法情节轻重，按照管理权限由有权机关作出。对于违法行为构成犯罪的，《中华人民共和国刑法》第三百九十七条作了明确规定：“国家机关工作人员滥用职权或者玩忽职守，致使公共财产、国家和人民利益遭受重大损失的，处三年以下有期徒刑或者拘役；情节特别严重的，处三年以上七年以下有期徒刑。本法另有规定的，依照规定。”“国家机关工作人员徇私舞弊，犯前款罪的，处五年以下有期徒刑或者拘役；情节特别严重的，处五年以上十年以下有期徒刑。本法另有规定的，依照规定。”

第七章　附　则

第四十三条　本条例自 2020 年 5 月 1 日起施行。

【释义】　本条是关于条例施行日期的规定。

法规的施行日期即法规的生效日期，是法规实施不可缺少的条件。《中华人民共和国立法法》第五十七条规定："法律应当明确规定施行日期。"法规中关于施行日期的规定一般有以下三种方式：一是规定该法规自公布之日起施行；二是规定该法规的具体施行日期；三是规定一个法规的施行日期取决于另一个法规的制定和实施日期。立法实践中，采用第二种规定的情形最为普遍，本《条例》也是规定了具体施行日期，自 2020 年 5 月 1 日起施行。

《条例》于 2019 年 12 月 19 日在上海市第十五届人大常委会第十六次会议上表决通过，从表决通过到施行，其间有五个月左右的时间，主要是为了给社会各界宣传、学习本《条例》留有充分的时间，也是为了给相关行政管理部门制定法规的配套规范性文件、做好实施准备留有充分的时间，以便于《条例》的顺利施行。

根据"不公布、不实施"（法律文件未经公布不得实施）的原则，普遍适用的法律、法规在施行之前，必须予以公布。本《条例》通过后在上海市人大常委会公报以及上海市的主要报纸(《解放日报》《上海法治报》)上全文刊载,向社会公布。

第二部分　附　录

上海市人民政府关于提请审议《上海市家政服务条例(草案)》的议案

上海市人民代表大会常务委员会：

现送上《上海市家政服务条例(草案)》及其说明，请予审议。

2019年9月11日

上海市家政服务条例(草案)

第一章　总　则

第一条　(立法目的)

为了规范家政服务活动,维护家政服务各方的合法权益,促进家政服务业发展,根据本市实际,制定本条例。

第二条　(适用范围)

本市行政区域内,开展家政服务活动,以及为促进家政服务业发展和规范家政服务活动的相关工作,适用本条例。

本条例所称的家政服务,是指以家庭为服务对象,进入家庭成员住所,提供保洁、烹饪、生活照护等各类满足家庭日常生活需求的有偿服务活动。

第三条　(原则)

家政服务活动应当遵循自愿平等、诚实守信、安全便民的原则。

家政服务业的管理应当遵循促进行业发展、监管和服务相结合、平等保护各方合法权益的原则。

第四条　(政府职责)

市、区人民政府应当将家政服务业纳入本级国民经济和社会发展规划,建立健全财政投入保障机制,制定政策措施,促进家政服务业发展。

本市建立促进家政服务业发展协调机制,统筹推进家政服务业重大政策制定，协调家政服务业发展中的重大事项。

第五条 （部门职责）

市、区商务部门承担本行政区域内家政服务行业管理职责，指导家政服务行业组织依法开展工作。

市、区发展改革、财政、人力资源社会保障、规划资源、住房城乡建设管理、卫生健康、市场监管、房屋管理、民政、教育、公安、统计等部门应当按照各自职责，做好促进家政服务业发展、规范家政服务活动的相关工作。

第六条 （群团组织参与）

工会、共青团、妇联等群团组织应当协助做好促进家政服务业发展的相关工作。

第七条 （行业组织自律）

本市支持家政服务行业组织的发展，鼓励家政服务机构加入家政服务行业组织。

家政服务行业组织应当加强行业自律和诚信建设，发挥对本行业的指导、服务职能，配合有关部门开展行业监管，引导家政服务机构和家政服务人员提升服务质量，维护家政服务机构和家政服务人员的合法权益。

第二章 机构和人员

第八条 （家政服务机构）

家政服务机构应当依法设立，并在其经营场所公示相关证照；通过互联网等信息网络开展经营活动的，应当在其网站或者应用软件等首页显著位置，持续公示相关证照信息，并全面、真实、准确、及时地披露服务信息。

家政服务机构招募家政服务人员，或者为家政服务人员居间介绍的，应当查验其身份证、技能证明、健康证明等证件，了解其从业经历和服务意愿。

本条例所指的家政服务机构，包括员工制家政服务机构和家政服务中介机构。

第九条 （员工制家政服务机构）

本市鼓励发展员工制家政服务机构。

员工制家政服务机构应当与家政服务人员签订劳动合同，建立劳动关系，按月足额缴纳城镇职工社会保险费；或者签订服务协议，统一为其安排服务内容，代发服务报酬，并对家政服务人员开展持续的管理。

与家政服务机构签订服务协议的家政服务人员，可以按照国家和本市有关规定参加城镇职工社会保险或者城乡居民社会保险。

员工制家政服务机构应当对家政服务人员进行岗前培训，定期开展基本服务技能、法律、安全、卫生等方面的培训，并对家政服务人员的工作经历、服务评价等情况予以记录。

第十条 （家政服务中介机构）

家政服务中介机构可以接受家政服务人员或者用户的委托，为双方提供居间服务。

家政服务中介机构应当充分了解用户需求和家政服务人员基本情况，不得故意隐瞒与订立家政服务合同有关的重要事实或者提供虚假情况。

第十一条 （用户的权利义务）

用户有权了解家政服务机构、家政服务人员的有关信息，查验相关证件；要求家政服务机构或者家政服务人员按照家政服务合同的约定提供相关服务，并对其服务作出评价。

用户应当按照约定支付相关费用，为家政服务人员提供必要的劳动保护条件；尊重家政服务人员的人格，如实介绍与家政服务有关的家庭情况；用户及同住人员患有传染性疾病的，应当如实告知家政服务人员。

第十二条 （家政服务人员权利保障）

家政服务人员的人格权益受法律保护，禁止歧视、侮辱家政服务人员。

家政服务人员有权拒绝可能危及其生命安全的家政服务。

家政服务人员在约定的工作时间以外，有休息的权利。具体休息时间或者补偿办法可以协商确定，并在劳动合同、服务协议或者家政服务合同中予以明确。

家政服务机构、用户不得扣押家政服务人员身份证、技能证明、健康证明等证件。

第十三条 （家政服务人员行为规范）

家政服务人员应当如实向家政服务机构、用户披露本人的年龄、从业经历、服务技能、健康状况以及有无不良嗜好等情况。

家政服务人员应当按照家政服务合同和家政服务机构的要求提供服务。

家政服务人员不得有下列行为：

（一）谩骂、侮辱、虐待、殴打服务对象；

（二）偷盗、骗取或者故意损毁用户的财物；

（三）泄露在家政服务活动中知悉的用户的隐私；

（四）其他违反法律、法规、公序良俗和职业道德的行为。

家政服务人员患有不宜从事家政服务疾病的，在治愈前不得从事家政服务活动。

第十四条 （能力提升）

家政服务人员应当注重提升家政服务能力和职业道德水平，积极参加政府部门、家政服务行业组织以及家政服务机构组织的各类技能培训活动，通过多种渠道提升学历层次。

第三章 规范和管理

第十五条 （家政服务标准化）

本市健全完善家政服务标准体系，强化家政服务标准实施与监督，推动提升家政行业服务质量和水平。

市标准化行政主管部门和有关行政主管部门应当组织开展家政服务地方标准立项研究，制定家政服务地方标准，加强对家政服务地方标准的宣传和实施工作。

鼓励家政服务行业组织、家政服务机构参与标准化工作，制定高于国家标准、行业标准、地方标准相关技术要求的团体标准和企业标准，并组织实施。

第十六条 （家政服务合同）

用户聘请家政服务机构或者家政服务人员提供家政服务，应当订立家政服务合同，约定服务时间、事项、报酬等内容。鼓励用户通过家政服务机构聘请家政服务人员。

鼓励家政服务机构使用家政服务合同示范文本，并将本机构制定的服务规范作为合同的附件。鼓励直接与用户建立家政服务关系的家政服务人员使用合同示范文本。

家政服务合同示范文本由市商务部门会同市市场监管等部门制定。

第十七条 （家政服务管理平台）

本市建设全市统一的家政服务管理平台，收集、汇总和发布国家以及本市有关促进、规范家政服务业发展的政策措施、行业动态等信息；归集家政服务机构和家政服务人员的基本信息、服务信息和信用信息，并为公众提供查询服务。

家政服务管理平台应当与本市的“一网通办”平台和公共信用信息服务平台等信息系统实现互联互通，并按照国家规定向全国信用信息共享平台归集有关基础信息和信用信息。

相关部门应当按照国家和本市有关规定保障信息安全，并对获取的商业秘密、个人隐私予以保密。

家政服务管理平台由市商务部门负责组织建设和运行维护。平台信息采集和查询应当遵守相关法律、法规的规定，具体办法由市商务部门制定。

第十八条 （机构备案）

家政服务机构应当将单位名称、主要负责人、经营场所、联系方式等信息通过家政服务管理平台向市商务部门备案。相关信息发生变更的，应当在十五日内向市商务部门备案。

第十九条 （人员备案）

家政服务机构应当将其家政服务人员或者由其居间介绍的家政服务人员的信息，在家政服务管理平台上备案，并发放家政上门服务证。持有家政上门服务证的家政服务人员，开展家政服务活动时，应当出示上门服务证。

鼓励直接与用户建立家政服务关系的家政服务人员将个人基本信息、从业经历等在家政服务管理平台上备案，并应聘为家政服务机构员工。

家政服务管理平台信息备案和家政上门服务证的管理办法，由市商务部门另行制定。

第二十条 （信息对接）

在家政服务管理平台备案的家政服务机构应当定期向平台传送家政服务合同、服务评价等家政服务信息，并对信息的真实性负责。

鼓励家政服务机构建立业务管理系统，并与家政服务管理平台对接。

第二十一条 （政府监管）

商务、市场监管、人力资源社会保障等部门应当加强对家政服务行业的监管，健全投诉举报处理工作机制，及时受理相关投诉举报，并依法处理。

第二十二条 （纠纷多元化解）

家政服务机构应当建立方便、快捷的家政服务投诉处理机制，及时处理家政服务投诉。

家政服务行业组织可以建立家政服务纠纷调解机制，对家政服务活动中产生的纠纷进行调解。

消费者权益保护委员会负责受理与家政服务活动有关的消费者投诉，对投诉事项进行调查、调解，或者提出意见转送有关部门和单位处理。

居（村）民委员会、相关调解组织可以对家政服务活动中的纠纷进行调解。

第四章 促进和发展

第二十三条 （社区网点）

家政服务机构在社区设置服务网点，其租赁场地水电等费用不受用房性质限制，按照居民价格计费。本市支持依托政府投资建设的城乡社区综合服务设施或者场地设立家政服务网点，符合条件的可以减免租赁费用。

第二十四条 （技能培训）

市人力资源社会保障等部门应当将家政服务纳入职业培训计划。

家政服务机构组织在家政服务管理平台上备案的家政服务人员参加职业培训的，按照本市职业技能培训补贴政策给予培训费补贴。

支持家政服务机构购买或者租赁闲置厂房、社区用房等开展职业培训。鼓励职业院校、社区教室以及由政府投资兴办的公共实训基地向家政服务人员培训开放。

第二十五条 （体检）

市商务部门应当会同市卫生健康部门确定不同类别家政服务人员的体检项目和标准，家政服务人员健康状况应当符合岗位要求。

家政服务机构组织在家政服务管理平台上备案的家

政服务人员参加体检的，按照本市有关规定给予体检费用支持。

第二十六条 （人才培养）

市教育等部门应当将家政服务纳入职业教育计划。

本市支持高等院校和职业院校（含技工院校）开设家政服务相关专业，培养家政服务专业人才。

鼓励符合条件的家政服务机构举办家政服务类职业院校，有关部门应当设立审批绿色通道，简化流程，优化服务。

第二十七条 （商业保险）

鼓励保险机构开发家政服务意外伤害保险、家政服务责任保险、家政服务第三者责任保险等保险产品。

鼓励家政服务机构、家政服务人员与用户购买家政服务相关保险产品。

家政服务机构为在家政服务管理平台上备案的家政服务人员购买家政服务相关保险产品的，可以按照有关规定申请补贴。

第二十八条 （金融支持）

本市鼓励商业银行为信用状况良好且符合条件的家政服务机构提供无抵押、无担保的信用贷款。

本市支持符合条件的家政服务机构发行社会领域产业专项债券。

第二十九条 （住房保障）

本市支持有条件的员工制家政服务机构提供职工集体宿舍。鼓励将城市现有设施改造作为员工制家政服务机构员工集体宿舍，园区配建职工宿舍优先面向员工制家政服务机构员工。

本市将符合条件的家政服务人员纳入公租房保障范围，支持员工制家政服务机构集体租赁公租房。

家政服务人员自行租赁房屋居住且符合有关规定的，可以申请租赁补贴。

第三十条 （积分、户籍办理）

家政服务人员可以按照本市居住证积分管理的有关规定，申请积分办理，享受相应的公共服务。

符合本市落户政策规定的家政服务人员，可以申办本市常住户口。

第三十一条 （信息协助）

公安部门和公共信用信息归集部门应当配合相关部门做好家政服务人员的信息查验工作。

第三十二条 （群团支持）

鼓励家政服务人员加入工会组织。家政服务人员加入工会的，可以参加工会举办的互助保障计划。

工会、共青团、妇联等群团组织应当维护家政服务人员的合法权益，配合有关部门开展家政技能培训和职业道德、法治、诚信教育，提升家政服务人员的服务水平和职业素养，将家政服务人员纳入评选劳动模范、新长征突击手、三八红旗手等荣誉称号的范畴。

第五章 行业建设

第三十三条 （行业组织）

家政服务行业组织可以开展下列工作：

（一）向相关部门提出立法或者政策制定建议，反映本行业相关事项；

（二）组织制定家政服务团体标准和行业规范，提出家政服务地方标准的制定建议；

（三）开展家政服务质量监测；

（四）组织家政服务机构开展健康体检、技能培训；

（五）其他促进行业发展的服务事项。

第三十四条 （能力等级评定标准）

家政服务行业组织可以在市场监管等部门的指导下，制定各类家政服务人员的服务能力评定标准。人力资源社会保障等部门根据家政服务人员国家职业技能标准，指导经认定的家政服务行业组织等开展职业技能等级认定并颁发职业技能等级认定证书。

家政服务行业组织可以根据本市经济社会发展状况，发布家政服务技能等级薪酬指导意见。

第三十五条 （信用评价机制）

家政服务行业组织可以对家政服务机构和家政服务人员开展信用评价工作，并提供相应的查询渠道。

家政服务机构和家政服务人员存在失信情形的，家政服务行业组织应当予以记录。

第三十六条 （行业惩戒）

家政服务行业组织对违反家政服务行业规范、行业组织章程，损害行业形象的家政服务机构，可以采取相应的行业惩戒措施；对涉嫌违反法律、法规的，应当向相关部门举报。

第六章 法 律 责 任

第三十七条 （指引条款）

违反本条例规定的行为，法律、法规有处罚规定的，依照其规定处理。

第三十八条 （对机构违法行为的处罚）

家政服务机构有下列情形之一的，区商务部门应当及时开展核查，并将线索告知区市场监管部门。经查明属实的，由区市场监管部门处以五千元以上五万元以下罚款；情节严重的，处以五万元以上十万元以下罚款。

（一）违反本条例第十八条规定，未报送机构备案信息、未及时报送变更信息，或者报送虚假机构备案信息的；

（二）违反本条例第十九条第一款规定，未报送人员备案信息，或者报送虚假人员备案信息的；

（三）违反本条例第二十条第一款规定，未报送家政服务信息，或者报送虚假家政服务信息的。

第三十九条 （民事责任）

家政服务活动中，家政服务机构、家政服务人员或者用户侵犯他人合法权益的，应当依法承担相应的民事责任。

第四十条 （治安与刑事责任）

家政服务活动中，家政服务机构、家政服务人员或者用户违反治安管理规定的，由公安机关依法予以处罚；构成犯罪的，依法追究刑事责任。

第四十一条 （处分）

商务部门和其他有关部门工作人员在家政服务管理工作中玩忽职守、滥用职权、徇私舞弊的，依法给予行政处分；构成犯罪的，依法追究刑事责任。

第七章 附 则

第四十二条 （实施日期）

本条例自　　年　　月　　日起施行。

关于《上海市家政服务条例(草案)》的说明

上海市商务委员会主任　华　源

主任、各位副主任、秘书长、各位委员：

我受市人民政府的委托，就《上海市家政服务条例(草案)》(以下简称《条例(草案)》)作如下说明：

一、制定《条例(草案)》的必要性

家政服务业现已成为上海城市生活不可或缺的重要组成部分。研究制定《条例(草案)》，加强顶层设计，完善法律体系，回应广大人民群众的关切，不仅十分必要，也十分迫切。

(一) 制定《条例(草案)》是贯彻落实党中央、国务院促进家政服务业发展决策部署的重要举措

2013 年，习近平总书记在济南考察时指出，家政服务大有可为，要坚持诚信为本，提高职业化水平，做到与人方便、自己方便；2018 年，习近平总书记在全国“两会”上提出，家政服务是朝阳产业，也是爱心工程，要把这个互利共赢的工作做实做好。2019 年，习近平总书记强调，“家政服务既可满足家庭育儿养老等现实需求，又能为妇女提供就业创业机会，是一件一举多得的实事”。2016 年，李克强总理在参加全国人大山东代表团审议时表示，千万不要小看家政服务、社会养老，这些都是朝阳产业。2019 年，李克强总理在政府工作报告中提出促进家政服

务提质扩容。2020 年，国务院常务会议两次研究有关促进家政服务业提质扩容的相关政策，充分体现了党中央、国务院对家政服务业发展的高度重视。

因此，从本市加快建设卓越全球城市的战略定位出发，借鉴发达国家和地区先进经验，制定家政服务的地方性法规，促进家政服务业发展，既是贯彻落实习近平总书记的重要指示精神和国务院的部署要求，也是落实以人民为中心发展思想的重要内容。

（二）制定《条例（草案）》是满足人民美好生活需要的内在要求

家政服务是千家万户对美好生活向往的重要组成部分，“小切口，大民生”的特点明显。从家政服务需求端看，调查数据显示，我国 35.6％的家庭有老年人照料需求，18.2％的家庭有未成年人照料需求，30.4％的家庭有双重照料需求。本市目前 800 多万个家庭中，正在使用或者有家政服务需求的家庭超过三分之一。随着社会分工日益细化，新型城镇化加速推进，以及二孩政策实施和上海老龄化程度加深，本市家政服务呈刚性需求。从家政服务供给侧看，本市家政服务机构“小、散、弱”特征突出，连锁化、品牌化经营的比例较低。

因此，在市场格局日益壮大、社会各方广泛关注的情况下，通过制定家政服务的地方性法规，从法律层面明确各项行业赋能政策，促进家政服务行业产业化发展，走标准化、集聚化、规模化、连锁化、品牌化之路，有利于提升家政服务有效供给，提高家政服务质量，满足市场需求。

（三）制定《条例（草案）》是规范家政服务行为、维护各方权益的迫切需要

家政服务业在快速发展过程中，也伴随着许多问题。例如行业准入门槛低，从业人员流动性大；市场存在无序竞争现象，服务人员存在不安心现象，消费者存在不放心现象；家政服务在服务标准、服务价格、服务保障等方面无章可循等。诚信、安全成为行业最为突出的现实需求，人民群众反响强烈。虽然国家层面及本市出台了一些规范和促进家政服务业发展的相关文件，但是仍难以满足本市家政服务业发展的现实需要，凸显了地方性立法的必要性和迫切性。

因此，在国家尚未立法、部门规章手段有限的背景下，上海作为改革开放排头兵和创新发展先行者，理应率先制定家政服务的地方性法规，建立健全行业监管机制，推进行业诚信建设，规范行业发展，保障各方权益。

二、《条例（草案）》的起草过程和立法思路

（一）起草过程

2019 年年初，《条例（草案）》被列为市人大常委会立法正式项目后，本市成立了以市人大常委会肖贵玉副主任、许昆林副市长任双组长的起草工作领导小组。市商务委、市司法局组成起草组，市人大财经委、常委会法工委提前介入，全程参与了起草工作。《条例（草案）》初稿形成后，起草组采用书面征询、专题座谈等形式，广泛听取了相关部门、人大代表、行业组织、专家学者以及家政服务机构、人员、用户等多方意见建议。3 月 13 日和 6 月

20日，市人大常委会肖贵玉副主任、许昆林副市长两次听取了《条例（草案）》起草情况汇报。6月26日，国务院办公厅发布《关于促进家政服务业提质扩容的意见》（国办发〔2019〕30号）。起草组对照国家文件精神，对草案作了全面梳理，并再次听取了相关部门意见。遵照市领导指示，并结合各方意见，经反复修改，形成了目前的《条例（草案）》。

（二）立法思路

《条例（草案）》起草主要遵循以下思路：一是促进发展与规范管理并重。贯彻落实习近平总书记关于把家政业办成爱心工程的指示精神，围绕国务院促进家政服务提质扩容的有关要求，《条例（草案）》坚持赋能促发展和监管促规范的立法定位，着力推动家政服务业长远发展。二是坚持问题导向。针对家政服务业"需求大、要求高、供给不足、规范不够"的现状，明确政府的管理和服务职责，发挥行业组织作用，提升家政服务水平和质量。三是坚持创新突破。近年来，本市探索推进备案管理、持证上门服务和信用评价等工作，取得了一定成效。作为创制性立法，《条例（草案）》注重总结和提炼体现本市管理水平和特色的制度措施，并予以固化完善。

三、《条例（草案）》的主要内容

《条例（草案）》共七章四十二条，分为总则、机构和人员、规范和管理、促进和发展、行业建设、法律责任、附则。主要内容包括：

（一）合理界定条例适用范围和家政服务定义

《条例（草案）》适用于本市行政区域内的家政服务活

动，以及为促进家政服务业发展和规范家政服务活动的相关工作，并将家政服务定义为："以家庭为服务对象，进入家庭成员住所，提供保洁、烹饪、生活照护等各类满足家庭日常生活需求的有偿服务活动。"该定义主要考虑到家政服务的几个特点：一是服务对象是家庭，用于满足家庭日常生活需求；二是服务形式是进入家庭成员住所服务；三是服务内容是保洁、烹饪、生活照护等满足家庭日常生活需求的服务；四是服务性质是有偿服务，义务的、无偿的公益性服务，不属于本法调整的范围。同时，考虑到机构养老、托幼、月子会所服务等在固定场所集中提供的服务形式，大都已有其他法律法规调整，《条例（草案）》未将其纳入调整范围（第二条）。

（二）优化家政服务业管理体制

一是明确政府职责。市、区人民政府应当将家政服务业纳入本级国民经济和社会发展规划，建立健全财政投入保障机制，制定政策措施，促进家政服务业发展（第四条）。二是明确部门职责。市、区商务行政部门承担家政服务业行业管理职责，指导家政服务行业组织依法开展工作。有关行政管理部门应当按照各自职责，促进和规范家政服务业发展（第五条）。三是发挥群团组织作用。工会、共青团、妇联等群团组织应当协助做好促进家政服务业发展的相关工作（第六条）。四是引导行业组织发展。支持和鼓励家政服务行业组织发展，加强行业自律和诚信建设，发挥行业指导、服务职能（第七条）。

（三）鼓励发展员工制家政服务机构

为了促进家政服务机构专业化、规范化发展，提高家政服务人员的组织化程度，《条例（草案）》根据国务院促进家政服务业提质扩容的文件精神，鼓励发展员工制家政服务机构。一是员工制家政服务机构应当与家政服务人员签订劳动合同，建立劳动关系，按月足额缴纳城镇职工社会保险费；或者签订服务协议，统一为其安排服务内容，代发服务报酬，并对家政服务人员开展持续的管理。二是与家政服务机构签订服务协议的家政服务人员，可以按照国家和本市有关规定参加社会保险。三是为强化员工制机构对员工的管理职责，要求其对员工定期开展服务技能等培训，并对员工的工作经历和服务评价予以记录（第九条）。

（四）明确家政服务用户与家政服务人员的权利义务

一是明确家政服务用户的权利义务。主要包括用户的知情权和信息查验等权利，以及按约支付费用、提供必要的劳动保护条件、进行信息披露等义务（第十一条）。二是保障家政服务人员的合法权益。主要包括保护家政服务人员的人格尊严，禁止侮辱、歧视家政服务人员，落实家政服务人员的休息权、人身安全等合法权益（第十二条）。三是对家政服务人员的行为规范作出规定。明确家政服务人员应当如实进行信息披露、按照要求或者约定提供服务，不得谩骂、侮辱、虐待、殴打服务对象等（第十三条）。

（五）加强行业规范和管理

为突出监管重心和立法导向，《条例（草案）》创设了

“标准引领、合同规范、平台管理、信用评价”为主线的监管机制。一是推行家政服务标准化，完善家政服务标准体系（第十五条）。二是推行家政服务合同，引导家政服务各方订立合同，鼓励家政服务各方采用合同示范文本（第十六条）。三是建立家政服务管理平台，归集家政服务机构和人员的基本信息（第十七条）。四是开展家政服务机构和人员备案，归集机构和人员基本信息（第十八条、第十九条）。五是实行家政服务人员持证上门服务，在平台上备案的家政服务人员，由家政服务机构发放上门证，开展持证上门服务（第十九条）。

（六）落实家政服务赋能政策

行业发展离不开政策支持。根据国务院有关促进家政服务业提质扩容的文件精神，《条例（草案）》规定了多项行业扶持措施。一是支持社区家政服务网点建设，符合条件的可减免租赁费用（第二十三条）。二是落实技能培训补贴。家政服务机构组织家政服务人员参加职业培训，按照有关规定给予培训费补贴（第二十四条）。三是提供体检服务。市商务部门应当会同市卫生健康部门确定不同类别家政服务人员的体检项目，家政服务人员健康状况应当符合岗位要求（第二十五条）。四是加大人才培养力度。支持高等院校和职业院校开设家政服务相关专业，培养家政服务专业人才。鼓励符合条件的家政服务机构举办家政服务类职业院校（第二十六条）。五是支持家政商业保险发展。鼓励保险机构开发家政商业保险产品，鼓励家政服务机构、人员、用户购买相关保险产品

（第二十七条）。六是给予家政服务人员居住证积分激励。明确家政服务人员可以按照本市居住证积分管理办法有关规定，申请积分办理，享受相应公共服务（第三十条）。

（七）发挥行业组织作用

《条例（草案）》突出行业自律的理念，注重发挥行业组织作用。一是开展行业服务。包括提出意见建议、参与家政服务标准化工作、组织家政服务机构开展人员体检和培训等（第三十三条）。二是制定能力等级评定标准。开展家政服务人员的服务能力等级评定，发布服务薪酬价位指导意见等（第三十四条）。三是开展信用评价。家政服务行业组织可以对家政服务机构和人员开展信用评价工作，并提供相应的查询渠道（第三十五条）。四是实施行业惩戒。主要是对违规的家政服务机构，采取相应的行业惩戒措施（第三十六条）。

此外，《条例（草案）》设专章规定了法律责任，加强对提供虚假信息等违法行为的处罚力度，促进家政行业规范发展（第三十七条至第四十一条）。

主任、各位副主任、秘书长、各位委员，《条例（草案）》及以上说明，请予审议。

上海市人民代表大会财政经济委员会关于《上海市家政服务条例(草案)》审议意见的报告

——2019 年 9 月 24 日在上海市第十五届人民代表大会常务委员会第十四次会议上

上海市人大财政经济委员会主任委员　戴　柳

主任、各位副主任、秘书长、各位委员：

家政服务已成为城市生活不可或缺的部分，加快推进家政服务业发展是持续改善民生、应对人口老龄化、支撑实施全面“二孩”政策的重要举措。2019 年人代会期间，王芳、李世平等代表提出了关于家政服务业立法的议案。市人大常委会高度重视，将制定《上海市家政服务条例》(以下简称《条例(草案)》)列入 2019 年度常委会正式立法项目。殷一璀主任参加集中视察并听取情况汇报，肖贵玉副主任多次参加实地调研，召集相关部门听取汇报，并提出了指导性意见。肖贵玉副主任、许昆林副市长两次召开家政立法领导小组双组长会议，研究解决家政立法的关键内容和核心问题。2019 年年初以来，财经委结合代表议案办理工作，提前介入，积极推动立法进程；组织开展了多种形式的立法调研，通过召开座谈会、实地走访等方式，广泛听取了政府有关部门、市人大代表、专家、协会、家政服务人员、用户、家政服务机构等方面的意见；充分利用“人大一网通”平台发放调查问卷，就立法中重点难点问题征求了全体市人大代表的意见；建立家政立法政务微信工作群，及时反馈立法进程和信息；委托立信会计金融学院就家政相关重点问题开展研究，为立法提供了参考。在此基础上，财经委对《条例（草案）》进行了认真研究，并于9月11日召开全体会议，对《条例（草案）》及其说明进行了审议。现将审议意见报告如下：

家政服务业发展速度较快，但管理和服务不规范、群众满意度不高等痛点一直存在。2019年5月李克强总理主持召开国务院常务会议部署进一步促进家政服务业加快发展的措施。6月，国务院办公厅下发了《关于促进家政服务业提质扩容的意见》（国办发〔2019〕30号，以下简称《意见》），在国家政策层面上保障了家政服务业发展。财经委认为，做好家政服务业对增加就业、改善民生、满足人民群众对美好生活向往有着一定作用，推进家政立法是必要的。

《条例（草案）》界定了条例适用范围，阐述了家政服务人员、用户、家政服务机构的权利义务关系以及政府、协会的责任和作用，提出了促进家政服务业发展的增值赋能政策。财经委认为，《条例（草案）》对家政服务业规范管理和鼓励发展之间作出了有效平衡，内容基本可行，可以提请本次常委会会议审议，并建议对《条例（草案）》的一些内容作进一步的修改和完善。

一、关于家政服务的适用范围

《条例（草案）》第二条规定了家政服务的适用范围。

有的代表提出，一些新模式，如管家式服务和家庭延伸服务，雇用外籍家政服务人员，如“菲佣”等，条例也要适当考虑；有的专家认为，长护险由长护险基金支付，有关专业人员上门为家庭提供服务的，是否列入家政范畴需要讨论。财经委认为，家政定义的核心应当是替代性家庭劳务，具备的主要特征是：服务对象是居民、服务行为的主体是自然人、服务内容是家庭劳务、服务形式是上门入户式服务、服务是有偿的等，在此基础上，家政的定义应当对新的服务模式和方式以及外籍家政服务人员依法从业要有所考虑。为此，财经委建议，对《条例（草案）》第二条作进一步完善，更加体现包容性，以应对今后家政服务功能的不断升级和服务需求的不断变化。

二、关于家政服务管理平台建设

《条例（草案）》第十七条对家政服务管理平台的建设、运行等作了规定。有的专家认为，平台主要面向家政服务机构，通过家政服务机构在平台上录入服务人员信息，并获得相应公共服务；有的代表建议，平台由财政资金建设，并通过市场化来运行和维护。财经委认为，家政服务管理平台是《条例（草案）》中加强规范管理的核心内容，应当具备行业监管、公共服务、行业诚信记载等功能。平台数据归集的准确和完整程度是家政行业有效管理的必要条件。财经委建议，一是市商务部门要充分考虑面广量大的自雇式家政服务人员主动上平台登记的工作难点，研究相应对策，吸引该类人员上平台登记，保证数据归集的全面性；二是《条例（草案）》第十七条应明确市商务部门要承担平台的建设职责，并做好平台数据保护等工作；三是为保障家政服务管理平台的有效运行，建议考虑聘请专业第三方对平台进行运行和维护，并定期评估平台运行绩效。

三、关于家政上门服务证

《条例(草案)》第十九条提出了家政上门服务证发放等规定。有的专家认为，此证仅起到查询、证明作用，不需要由法律作出规定；有的专家认为，要考虑服务人员变更服务机构、证件有效期等后续操作问题。财经委认为，上海市家政上门服务证的做法得到了国务院的充分肯定，立法要把好的做法巩固下来。根据《行政许可法》的规定，地方立法不能设定行业准入资格，该证从功能来看主要起到证明从事家政服务工作人员身份的作用，因此由企业发证较为合适。财经委建议，《条例(草案)》第十九条要进一步明确家政上门服务证发放主体以及有效期等关键问题，并探索更加现代化、信息化的家政服务人员信息披露和查询方式。

四、关于赋能政策

为满足人民群众对家政服务的需求，政府应当提供更好的公共服务，促进家政服务业发展。有关“赋能”政策，不仅家政服务人员和家政服务机构是受益者，最终得到实惠的还是广大群众。因此，建议进一步提升“法律温度”和人民群众的获得感，对有关条款修改如下：

1. 关于技能培训。《条例(草案)》第二十四条规定了技能培训的相关内容。财经委建议，要贯彻落实好《意见》中“将家政服务纳入职业技能提升行动工作范畴”的政策，细化《条例(草案)》第二十四条内容，拓展举办培训的主体范围并增强操作性，同时将灵活就业家政服务人员纳入培训补贴范围，争取全额补贴。

2. 关于体检。《条例(草案)》第二十五条规定了公益体检的相关内容。财经委建议，要贯彻落实好《意见》中“健全体检服务体系，更好为家政服务人员提供体检服务”的政策，细化《条例(草案)》第二十五条内容，明确政府部门要尽快出台家政服务人员体检项目标准，并进一步明确给予基础体检费用全额补贴。

3. 关于积分、户籍办理。《条例(草案)》第三十条规定了积分、户籍办理的相关内容。财经委建议，细化《条例(草案)》第三十条内容，明确积分、户籍办理的可操作路径，将长期、连续从事家政服务且缴纳个税等类型的家政服务人员纳入申请落户的范围。

此外，有的专家提出，发展员工制家政服务机构有利于提高家政服务标准化、规范化水平，有利于实施包容审慎监管。本市推动家政服务业发展，要鼓励员工制家政机构发展。财经委认为，《条例(草案)》已把与家政服务人员签订服务协议也明确为员工制家政服务机构，允许其员工参加城镇职工社会保险或城乡居民保险，符合鼓励员工制家政服务机构发展的要求。有的代表提出，要细化用户的权利。财经委认为，《条例(草案)》第十一条至第十三条明确了家政服务机构、家政服务人员和家政服务用户三方权利义务。权利与义务是互为因果的，机构和人员的义务也就是用户的权利,《条例(草案)》从不同角度明确了三方权利义务,内容基本可行。

《条例(草案)》的部分文字表述还需作进一步修改完善。

以上报告,请予审议。

上海市人民代表大会法制委员会关于《上海市家政服务条例(草案)》审议结果的报告

——2019年11月12日在上海市第十五届人民代表大会常务委员会第十五次会议上

上海市人大法制委员会委员　宋　妍

主任、各位副主任、各位委员:

市十五届人大常委会第十四次会议对市人民政府提请审议的《上海市家政服务条例(草案)》(以下简称《条例(草案)》)进行了审议。常委会组成人员认为,家政服务业已经成为本市城市生活不可或缺的重要组成部分,为了促进和规范家政服务业健康发展,回应广大人民群众的关切,制定《上海市家政服务条例》是必要的。同时,常委会组成人员还对《条例(草案)》提出了一些修改意见和建议。

会后,《条例(草案)》向社会公开征求意见。市人大常委会法工委还将《条例(草案)》印发部分市人大代表、各区人大常委会以及有关单位和社会团体征求意见。在此基础上,市人大常委会法工委召开座谈会,听取了市政府有关部门以及相关议案领衔代表、市家庭服务业行业协会等方面的意见和建议。市人大常委会法工委还赴市政协以及江宁路街道基层立法联系点,分别听取政协委员和基层群众的意见、建议。

2019 年 10 月 30 日，市人大法制委员会召开会议，根据常委会组成人员和市人大财经委员会的审议意见以及其他各方面提出的意见，对《条例（草案）》进行了审议。市人大财经委员会的负责同志列席了会议。现将主要修改情况和审议结果报告如下：

一、主要修改情况

（一）关于员工制家政服务机构。有的委员和有的方面提出，《条例（草案）》第九条规定，员工制家政服务机构应当与家政服务人员签订劳动合同或者签订服务协议，建议进一步研究该规定与《劳动合同法》的衔接问题。经会同市人大财经委员会、市商务委、市人力资源社会保障局、市司法局等部门研究，法制委员会认为，《国务院办公厅关于促进家政服务业提质扩容的意见》（国办发〔2019〕30 号，以下简称国办 30 号文）第六条明确，员工制家政服务机构依法与招用的家政服务人员签订劳动合同，缴纳城镇职工社会保险费；家政服务人员不符合签订劳动合同情形的，员工制家政服务机构与其签订服务协议，家政服务人员可作为灵活就业人员按规定自愿参加城镇职工社会保险或城乡居民社会保险。法制委员会建议从贯彻落实国办 30 号文、促进家政服务业发展的角度出发，对《条例（草案）》第九条作如下修改：

1. 在第一款增加“员工制家政服务机构依法与用户签订家政服务合同”的规定，明确与用户直接签订服务合同是员工制家政服务机构的一个主要表现形式（草案修改稿第九条第一款)。

2. 将第二款修改为“员工制家政服务机构依法与家政服务人员签订劳动合同,建立劳动关系,缴纳城镇职工社会保险费;家政服务人员不符合签订劳动合同情形的,员工制家政服务机构按照国家有关规定,与其签订服务协议,为其安排服务内容,并对其开展培训和管理”(草案修改稿第九条第二款)。

(二) 关于自雇型家政服务。有的委员和立法调研时有不少意见提出,自雇型家政服务是本市家政服务行业的主要表现形式,《条例(草案)》应当平衡好自雇型家政服务与员工制、中介制家政服务模式之间的关系。经研究,法制委员会认为,鼓励发展员工制家政服务机构对于促进家政服务行业朝着组织化、规范化的方向发展,具有引导和示范意义。但考虑到本市家政服务行业现有的实际情况,《条例》在对自雇型家政服务人员进行规范和管理的同时,也应对符合条件的自雇型家政服务人员给予相关的政策支持。为此,建议修改完善《条例(草案)》第二十四条、第二十五条关于技能培训及体检补贴的内容,将符合条件的自雇型家政服务人员纳入补贴范围(草案修改稿第二十五条、第二十六条)。

(三) 关于用户与家政服务人员的权利义务。有的委员提出,《条例》要平衡好用户与家政服务人员的权利和义务关系。有的委员建议进一步明确双方基本信息的披露义务。经研究,法制委员会认为,进一步明确家政服务人员和用户的权利和义务,有利于维护双方合法权益,减

少家政服务纠纷。为此,建议作如下修改:

1. 明确用户及同住人员患有传染性疾病或者具有其他可能危及家政服务人员人身安全的情形,应当如实告知家政服务人员(草案修改稿第十二条第一款)。

2. 增加一款用户行为规范的内容,明确用户不得谩骂、侮辱、虐待、殴打家政服务人员以及强迫其提供合同约定以外的家政服务等四项禁止行为(草案修改稿第十二条第二款)。

3. 对家政服务人员的权利保障和行为规范作进一步修改和完善(草案修改稿第十三条、第十四条)。

(四) 关于家政服务管理平台。有的委员认为,要进一步明确家政服务管理平台的职能定位。市人大财经委和有的委员认为,家政服务管理平台在归集信息的同时,对个人信息要予以严格保护。经研究,法制委员会认为,家政服务管理平台制度是本次家政服务立法的核心制度,平台承担着信息归集、行业监管和公共服务等职能,《条例(草案)》相关表述应当进一步予以完善。为此,建议对《条例(草案)》第十七条作如下修改:

1. 将第一款修改为"本市建设全市统一的家政服务管理平台,发布国家以及本市有关促进、规范家政服务业发展的政策措施、行业动态、合同示范文本等信息;归集家政服务机构和家政服务人员的基本信息、服务和评价信息以及信用信息,并依法为公众提供查询等公共服务"(草案修改稿第十八条第一款)。

2. 明确相关部门的信息安全保障义务,要求相关部门对通过家政服务管理平台获取的商业秘密和个人信息予以保密(草案修改稿第十八条第三款)。

(五)关于家政服务行业协会。有的委员提出,行业协会是实行行业服务和自律管理的自治组织,建议进一步理顺政府与家政服务行业协会的关系。也有委员认为,立法要积极推动家政服务行业协会的发展。经研究,法制委员会认为,充分发挥家政服务行业协会的作用,有利于实现行业自律和行业规范,有利于促进家政服务行业的健康发展。家政服务行业协会有权依照法律、法规以及章程的规定,组织开展标准制定、社会评价、行业惩戒等工作。为此,建议对相关条款作如下修改完善:

1. 在《条例(草案)》第三十三条、第三十五条、第三十六条相关内容中增加“根据章程”的规定(草案修改稿第三十四条、第三十六条、第三十七条)。

2. 根据《标准化法》的规定,在《条例(草案)》第三十四条增加“由本行业组织内的家政服务机构约定采用或者按照本行业组织的规定供社会自愿采用”,明确家政服务行业组织编制的家政服务人员能力评定标准的适用问题(草案修改稿第三十五条)。

3. 根据国办30号文和《上海市社会信用条例》的相关规定,将《条例(草案)》第三十五条第一款中的“信用评价工作”改为“社会评价工作”;删去第二款中对“家政服务人员”失信情况予以记录的规定(草案修改稿第三十六条)。

此外,对《条例(草案)》的一些文字作了修改,条款顺序也作了相应调整。

二、需要说明的问题

关于上门服务证。市人大财经委和有的委员建议进一步细化上门服务证制度，并探索更加现代化、信息化的家政服务人员信息披露和查询方式。经研究，法制委员会认为，家政服务人员上门服务证不是《行政许可法》规定的行业准入资格或资质，主要起到对家政服务人员身份的证明作用。家政服务人员上门服务证制度尚处于起步阶段，需要在实践中进一步探索，目前不宜规定过细。市商务部门应当根据上门服务证实施情况，进一步总结经验，及时制定相关管理办法，以明确上门服务证的发放主体、有效期限、信息查询等问题。

法制委员会已按上述意见对《条例（草案）》作了修改，提出了草案修改稿。

草案修改稿和以上报告，请予审议。

上海市人民代表大会法制委员会关于《上海市家政服务条例(草案)》(修改稿)修改情况的报告

——2019年12月16日在上海市第十五届人民代表大会常务委员会第十六次会议上

上海市人大法制委员会委员　宋　妍

主任、各位副主任、各位委员:

市十五届人大常委会第十五次会议对《上海市家政服务条例(草案)》(修改稿)(以下简称草案修改稿)进行了审议。常委会组成人员认为,在广泛听取各方面意见基础上形成的草案修改稿,总体上比较成熟。同时,常委会组成人员还提出了一些修改意见。会后,法制工作委员会进一步开展了深入调研。12月3日,法制委员会召开会议,根据常委会组成人员的意见和其他各方面的意见,对草案修改稿进行了审议。市人大财经委员会的有关同志列席了会议。现将修改情况报告如下:

一、主要修改情况

(一) 关于员工制家政服务机构

有的委员提出,草案修改稿第九条规定家政服务人员不符合签订劳动合同情形的,员工制家政服务机构可以与其签订服务协议,建议对该协议的性质予以研究。经研究,法制委员会认为,员工制家政服务机构与家政服务人员建立劳动关系的，受《劳动合同法》等劳动法律的调整；家政服务人员不符合签订劳动合同情形的，员工制家政服务机构与其签订服务协议，该协议属于民事合同，受《合同法》等民事法律的调整。为进一步发挥员工制家政服务机构组织化、规范化优势，建议对草案修改稿第九条相关内容予以进一步修改，完善员工制家政服务机构应当加强对家政服务人员的管理，建立服务质量跟踪制度的规定（草案修改二稿第九条第四款）。

（二）关于自雇型家政服务的规范

有的委员提出，除员工制家政服务和中介制家政服务外，自雇型家政服务在现实中也大量存在，建议对自雇型家政服务活动予以规范。经研究，法制委员会认为，这一意见是合理的，应予采纳。为此，建议在草案修改稿第十一条增加“通过家政服务机构聘请家政服务人员或者直接聘请家政服务人员的”内容，明确用户直接聘请家政服务人员的情形，也适用本条例的相关规范（草案修改二稿第十一条第一款）。

此外，对草案修改稿的一些文字作了修改。

二、需要说明的问题

关于赋能政策。有的委员提出，建议对草案修改稿第四章关于促进家政服务业发展的赋能政策作进一步研究。经研究，法制委员会认为，第四章规定的赋能政策，主要出自国务院办公厅《关于促进家政服务业提质扩容的意见》，本条例从促进家政服务业发展的角度作了指导性规定，建议相关部门按照国家要求和本条例的有关规定，结合本市实际情况，积极统筹推进落实，促进本市家政服务业规范有序发展。

法制委员会已按上述意见对草案修改稿作了修改，提出了草案修改二稿。

草案修改二稿和以上报告，请予审议。

上海市人民代表大会法制委员会关于《上海市家政服务条例(草案)》(修改二稿)修改情况的报告

——2019年12月19日在上海市第十五届人民代表大会常务委员会第十六次会议上

上海市人大法制委员会委员　宋　妍

主任、各位副主任、各位委员：

市十五届人大常委会第十六次会议对《上海市家政服务条例(草案)》(修改二稿)(以下简称草案修改二稿)进行了审议。常委会组成人员认为，在广泛听取各方面意见的基础上形成的草案修改二稿，总体上比较成熟。同时，常委会组成人员还提出了一些修改意见。

12月17日，法制委员会召开会议，根据常委会组成人员的意见，对草案修改二稿作了进一步修改和审议。市人大财政经济委员会的负责同志列席了会议。现将草案修改二稿的主要修改情况报告如下：

一、关于员工制家政服务机构。有的委员提出，草案修改二稿第九条关于员工制家政服务机构与家政服务人员之间的法律关系的表述层次还不够清晰，建议对签订劳动合同和签订服务协议的情形分两款表述。经研究，法制委员会建议，根据委员的意见，对第九条作进一步修改完善：

1. 将第九条第二款修改为：员工制家政服务机构依

法与家政服务人员签订劳动合同，建立劳动关系，缴纳城镇职工社会保险费（草案表决稿第九条第二款）。

2. 将第九条第三款修改为：家政服务人员与员工制家政服务机构未签订劳动合同但按照国家有关规定签订服务协议的，可以按照国家和本市有关规定参加城镇职工社会保险或者城乡居民社会保险（草案表决稿第九条第三款）。

二、关于用户的权利。有的委员建议，将草案修改二稿第十一条中用户通过机构聘请家政服务人员和直接聘请家政服务人员两种情形予以分开表述。经研究，法制委员会认为，这一意见是合理的，应予采纳。为此，建议将第十一条第一款拆分为两款，分别规定用户通过家政服务机构聘请家政服务人员和直接聘请家政服务人员时享有的权利（草案表决稿第十一条第一款、第二款）。

三、关于评价机制。有的委员提出，家政服务行业组织在记录家政服务机构失信情形之外，还应当对家政服务机构的良好行为予以记录。经研究，法制委员会认为，这一意见是合理的。为此，建议将第三十六条第二款修改为"对本行业组织内的家政服务机构的信用状况，家政服务行业组织应当依照章程予以记录"（草案表决稿第三十六条第二款）。

此外，对草案修改二稿的一些文字作了修改。

法制委员会已按上述意见对草案修改二稿作了修改，提出了草案表决稿，建议本次常委会会议审议通过，并建议自2020年5月1日起施行。

草案表决稿和以上报告，请予审议。

国务院办公厅关于促进家政服务业提质扩容的意见

国办发〔2019〕30号

各省、自治区、直辖市人民政府，国务院各部委、各直属机构：

家政服务业是指以家庭为服务对象，由专业人员进入家庭成员住所提供或以固定场所集中提供对孕产妇、婴幼儿、老人、病人、残疾人等的照护以及保洁、烹饪等有偿服务，满足家庭生活照料需求的服务行业。近年来，我国家政服务业快速发展，但仍存在有效供给不足、行业发展不规范、群众满意度不高等问题。家政服务业作为新兴产业，对促进就业、精准脱贫、保障民生具有重要作用。为促进家政服务业提质扩容，实现高质量发展，经国务院同意，现提出以下意见。

一、采取综合支持措施，提高家政从业人员素质

（一）支持院校增设一批家政服务相关专业。原则上每个省份至少有1所本科高校和若干职业院校（含技工院校，下同）开设家政服务相关专业，扩大招生规模。开展1+X证书制度试点，组织家政示范企业和职业院校共同编制家政服务职业技能等级标准及大纲，开发职业培训教材和职业培训包，支持家政服务相关专业学生在获得学历证书的同时，取得家政服务类职业技能等级证书。

（教育部会同人力资源社会保障部、商务部等负责）

（二）市场导向培育一批产教融合型家政企业。到2022年，全国培育100家以上产教融合型家政企业，实现城区常住人口100万以上的地级市家政服务培训能力全覆盖。各地要以较低成本向家政企业提供闲置厂房、社区用房等作为家政服务培训基地，共享职业院校、社区教室等培训资源。（地方各级人民政府，发展改革委、教育部、商务部负责）

（三）政府支持一批家政企业举办职业教育。将家政服务列为职业教育校企合作优先领域，打造一批校企合作示范项目。支持符合条件的家政企业举办家政服务类职业院校，各省（区、市）要设立审批绿色通道，简化流程优化服务。推动30家以上家政示范企业、50所以上有关院校组建职业教育集团。对符合条件的家政类产教融合校企合作项目，优先纳入中央预算内投资支持范围。（教育部、发展改革委、财政部、商务部、人力资源社会保障部，地方各级人民政府负责）

（四）提高失业保险基金结余等支持家政培训的力度。将家政服务纳入职业技能提升行动工作范畴，并把灵活就业家政服务人员纳入培训补贴范围。所需资金按规定从失业保险基金支持职业技能提升行动专项资金中列支。地方各级政府要加大筹资力度，积极使用就业补助资金、地方人才经费和行业产业发展经费等支持家政服务培训。（人力资源社会保障部会同财政部等负责，地方各级人民政府负责）

（五）加大岗前培训和“回炉”培训工作力度。对新上岗家政服务人员开展岗前培训，在岗家政服务人员每两年至少得到 1 次“回炉”培训。组织 30 所左右院校和企业引进国际先进课程设计和教学管理体系。组织实施巾帼家政服务专项培训工程，开展家政培训提升行动，确保到 2020 年底前累计培训超过 500 万人次。（商务部、发展改革委、教育部、人力资源社会保障部、全国总工会、全国妇联等按职责分工负责）

二、适应转型升级要求，着力发展员工制家政企业

（六）员工制家政企业员工根据用工方式参加相应社会保险。大力发展员工制家政企业，员工制家政企业是指直接与消费者（客户）签订服务合同，与家政服务人员依法签订劳动合同或服务协议并缴纳社会保险费（已参加城镇职工社会保险或城乡居民社会保险均认可为缴纳社会保险费），统一安排服务人员为消费者（客户）提供服务，直接支付或代发服务人员不低于当地最低工资标准的劳动报酬，并对服务人员进行持续培训管理的企业。员工制家政企业应依法与招用的家政服务人员签订劳动合同，按月足额缴纳城镇职工社会保险费；家政服务人员不符合签订劳动合同情形的，员工制家政企业应与其签订服务协议，家政服务人员可作为灵活就业人员按规定自愿参加城镇职工社会保险或城乡居民社会保险。（人力资源社会保障部、医保局、商务部负责）

（七）灵活确定员工制家政服务人员工时。家政企业及用工家庭应当保障家政服务人员休息权利，具体休息

或者补偿办法可结合实际协商确定，在劳动合同或家政服务协议中予以明确。（人力资源社会保障部、商务部、全国总工会，地方各级人民政府负责）

（八）对员工制家政企业实行企业稳岗返还和免费培训。对不裁员或少裁员的员工制家政企业按规定返还失业保险费，为符合条件的员工制家政企业员工提供免费岗前培训和“回炉”培训。（人力资源社会保障部、财政部按职责分工负责，地方各级人民政府负责）

（九）重点城市率先支持员工制家政企业发展。北京、上海等大中型以上城市要率先发展员工制家政企业，加大社保补贴力度，利用城市现有设施改造作为员工制家政服务人员集体宿舍。各地支持有条件的员工制家政企业提供职工集体宿舍，园区配建职工宿舍优先面向员工制家政服务人员。（相关地方人民政府负责）

三、强化财税金融支持，增加家政服务有效供给

（十）提高家政服务业增值税进项税额加计抵减比例。研究完善增值税加计抵减政策，进一步支持家政服务业发展。（财政部、税务总局按职责分工负责）

（十一）扩大员工制家政企业免征增值税的适用范围。对与消费者（客户）、服务人员签订服务协议，代发服务人员劳动报酬，对服务人员进行持续培训管理，并建立业务管理系统的家政企业提供的家政服务免征增值税。（财政部、税务总局、商务部等按职责分工负责）

（十二）开展家政服务“信易贷”试点。依托全国信用信息共享平台，引导和鼓励商业银行在市场化和商业自

愿的前提下为信用状况良好且符合条件的家政企业提供无抵押、无担保的信用贷款。（发展改革委、人民银行、银保监会按职责分工负责，地方各级人民政府负责）

（十三）拓展发行专项债券等多元化融资渠道。支持符合条件的家政企业发行社会领域产业专项债券。鼓励地方运用投资、基金等组合工具，支持家政企业连锁发展和行业兼并重组。（发展改革委、商务部、人民银行、银保监会按职责分工负责，地方各级人民政府负责）

四、完善公共服务政策，改善家政服务人员从业环境

（十四）加强社保补贴等社会保障支持。对家政企业招用就业困难人员或毕业年度高校毕业生并缴纳社会保险费的，按规定予以社保补贴。（人力资源社会保障部，地方各级人民政府负责）

（十五）支持发展家政商业保险。进一步研究家政服务商业综合保险方案。鼓励家政企业参保雇主责任保险，为员工投保意外伤害保险、职业责任保险。鼓励保险公司开发专门的家政服务责任保险、意外伤害保险产品。鼓励有条件的地区组织家政企业和从业人员统一投保并进行补贴。（商务部、银保监会，地方各级人民政府负责）

（十六）保障家政从业人员合法权益。最大限度把家政从业人员组织到工会中，探索适合家政从业人员特点的入会形式、建会方式和工作平台。完善家政从业人员维权服务机制，保障其合法权益，促进实现体面劳动。（全国总工会负责）

（十七）积极推动改善家政从业人员居住条件。各地应将符合条件的家政从业人员纳入公租房保障范围，有条件的地方可集中配租，家政从业人员通过市场租房居住的，政府对符合条件的给予租赁补贴。支持各地采取多种方式帮助解决家政从业人员改善居住条件的需求。（住房城乡建设部、财政部，地方各级人民政府负责）

（十八）畅通家政从业人员职业发展路径。引导家政企业将员工学历、技能水平与工资收入、福利待遇、岗位晋升等挂钩。支持家政从业人员通过高职扩招专项考试、专升本等多种渠道提升学历层次。（人力资源社会保障部、教育部、商务部按职责分工负责，地方各级人民政府负责）

（十九）表彰激励优秀家政从业人员。五一劳动奖章、五一巾帼标兵、三八红旗手（集体）、城乡妇女岗位建功先进个人（集体）、青年文明号等评选表彰要向家政从业人员倾斜，对获得上述奖励以及在世界技能大赛和国家级一类、二类职业技能大赛中获奖的家政从业人员，纳入国家高技能人才评定范围，并在积分落户等方面给予照顾。加大家政服务业典型案例宣传力度。（商务部、人力资源社会保障部、全国总工会、全国妇联、共青团中央、发展改革委等按职责分工负责，相关地方人民政府负责）

五、健全体检服务体系，提升家政服务人员健康水平

（二十）分类制定家政服务人员体检项目和标准。研究制定科学合理的家政服务人员体检项目和标准，育婴

员、养老护理员等职业应实行更加严格的岗前健康体检，其他从业人员上岗前应按所从事家政服务类别进行体检。（商务部会同卫生健康委负责）

（二十一）更好为家政服务人员提供体检服务。从事体检的医院或体检机构要明示收费标准，做好体检记录，缩短体检报告制作时间。（卫生健康委、商务部按职责分工负责，地方各级人民政府负责）

六、推动家政进社区，促进居民就近享有便捷服务

（二十二）支持家政企业在社区设置服务网点。家政企业在社区设置服务网点，其租赁场地不受用房性质限制，水电等费用实行居民价格。支持依托政府投资建设的城乡社区综合服务设施（场地）设立家政服务网点，有条件的地区可减免租赁费用。（商务部、住房城乡建设部、发展改革委，地方各级人民政府负责）

（二十三）加大社区家庭服务税费减免力度。落实好支持养老、托幼、家政等社区家庭服务业发展的税费优惠政策。（财政部、税务总局按职责分工负责）

七、加强平台建设，健全家政服务领域信用体系

（二十四）建立家政服务信用信息平台系统。中央财政通过服务业发展资金支持家政服务领域信用体系建设。依托全国信用信息共享平台，全量归集家政企业、从业人员、消费者的基础信息和信用信息，并按规定向相关部门及家政企业充分共享金融、税务、司法等可公开信用信息。探索建立全国家政企业和从业人员社会评价互动

系统。(商务部、发展改革委、财政部按职责分工负责)

(二十五)优化家政服务信用信息服务。建立家政从业人员个人信用记录注册、跟踪评价和管理制度。开通家政从业人员职业背景信息验证核查渠道。依托“信用中国”网站、信用类应用程序(APP)等,按规定提供家政企业、从业人员的身份认证、信誉核查、信用报告等信息。(商务部、发展改革委、公安部按职责分工负责)

(二十六)加大守信联合激励和失信联合惩戒力度。基于全国信用信息共享平台建立联合奖惩系统,对在家政服务过程中存在违法违规和严重失信行为的家政企业及从业人员实行联合惩戒。开展家政企业公共信用综合评价,对信用等级较高的企业减少监管频次,提供融资、租赁、税收等便利服务。开展家政服务领域信用建设专项行动。(商务部、发展改革委按职责分工负责)

八、加强家政供需对接,拓展贫困地区人员就业渠道

(二十七)建立家政服务城市与贫困县稳定对接机制。把家政服务作为劳动力输出地区各类职业技能实训基地重要培训内容,在中西部人口大省重点打造一批家政服务人才培训基地。(人力资源社会保障部、商务部、全国总工会、全国妇联等按职责分工负责)

(二十八)建立健全特殊人群家政培养培训机制。对困难学生、失业人员、贫困劳动力等人群从事家政服务提供支持。推进“雨露计划”。为去产能失业人员、建档立卡贫困劳动力免费提供家政服务培训。(地方各级人民

政府负责）

九、推进服务标准化，提升家政服务规范化水平

（二十九）健全家政服务标准体系。开展家政服务国家标准修订工作。完善行业标准体系。研究制定家政电商、家政教育、家政培训等新业态服务标准和规范。推进家政服务标准化试点专项行动。（商务部、市场监管总局等负责）

（三十）推广使用家政服务合同示范文本。规范家政服务三方权利义务关系，推广使用合同示范文本。家政企业应与消费者签订家政服务协议，公开服务项目和收费标准，明确服务内容清单和服务要求。（商务部会同人力资源社会保障部等负责）

（三十一）加快建立家政服务人员持证上门制度。政府通过多种方式，逐步实现统一为每一位合格的家政从业人员免费发放“居家上门服务证”，并在公共信息平台上实施诚信监管。鼓励各地参照上海等城市的先进经验，探索建立覆盖全域的家政持证上岗模式。（地方各级人民政府负责）

（三十二）开展家政服务质量第三方认证。家政企业要开展优质服务承诺，公开服务质量信息。开展家政服务质量监测。建立家政服务质量第三方认证制度。对家政企业开展考核评价并进行动态监管。（商务部、市场监管总局按职责分工负责）

（三十三）建立家政服务纠纷常态化多元化调解机制。进一步畅通“12315”互联网平台等消费者诉求渠道，

发挥家政行业协会、消费者权益保护组织等作用，建立家政服务纠纷常态化多元化调解机制。（商务部、市场监管总局、全国总工会按职责分工负责）

十、发挥规范示范作用，促进家政服务业可持续发展

（三十四）建立健全家政服务法律法规。加强家政服务业立法研究。充分发挥家政行业协会作用，制定完善行业规范。各地要制定或者修改完善家政服务领域法规、规章、规范性文件和标准。（商务部，地方各级人民政府负责）

（三十五）促进家政服务业与相关产业融合发展。推动家政服务业与养老、育幼、物业、快递等服务业融合发展。大力发展家政电商、"互联网＋家政"等新业态。培育以专业设备、专用工具、智能产品研发制造为支撑的家政服务产业集群。（商务部，地方各级人民政府负责）

（三十六）培育家政服务品牌和龙头企业。各地要培育一批具有区域引领和示范效应的龙头企业，形成家政服务业知名品牌。实施家政服务业提质扩容"领跑者"行动。（发展改革委、商务部，地方各级人民政府负责）

国务院建立由发展改革委、商务部牵头的部际联席会议制度，各省级人民政府要建立家政服务工作协调机制，各地要把推动家政服务业提质扩容列入重要工作议程，构建全社会协同推进的机制，确保各项政策措施落实到位。

国务院办公厅

2019 年 6 月 16 日

国务院政策例行吹风会介绍《关于促进家政服务业提质扩容的意见》有关情况

国务院新闻办公室于2019年7月5日(星期五)上午10时举行国务院政策例行吹风会,请发展改革委副主任连维良和教育部、人力资源社会保障部、商务部、全国妇联有关负责人介绍《关于促进家政服务业提质扩容的意见》有关情况,并答记者问。

●[国新办新闻发言人　胡凯红]女士们、先生们,大家上午好。欢迎出席国务院新闻办今天举行的国务院政策例行吹风会。最近国办印发了《关于促进家政服务业提质扩容的意见》,这个《意见》关系到千家万户,大家都很关注。今天我们很高兴请来了发展改革委副主任连维良先生,请他向大家介绍这个文件的有关情况并回答大家提问。出席今天吹风会的还有全国妇联书记处书记章冬梅女士,发展改革委社会发展司司长欧晓理先生,教育部职业教育与成人教育司负责人谢俐先生,人力资源社会保障部职业能力建设司负责人王晓君女士,商务部服务贸易和商贸服务业司负责人朱光耀先生。首先有请连维良副主任作介绍。

●[国家发展和改革委员会副主任　连维良]各位媒体朋友们,大家上午好!下面我就国务院办公厅《关于促进家政服务业提质扩容的意见》有关情况向大家作一介绍。党中央、国务院高度重视家政服务业的发展。习近平总书记指出"家政服务大有可为,要坚持诚信为本,提高职业化水平"。总书记还特别强调"家政服务是朝阳产业,既满足了农村进城务工人员的就业需求,也满足了城市家庭育儿养老的现实需求,要把这个互利共赢的工作做实做好,办成爱心工程"。李克强总理在国务院常务会议专题研究家政服务业发展工作时强调,家政服务业事关千家万户福祉,是一项一举多得的产业,要推动这一产业发展壮大、扩容提质。随着城乡居民收入水平不断提高,消费能力不断增强,加之新型城镇化、人口老龄化和全面二孩政策落实等多种因素的综合影响,家政服务需求不断提升。2018 年,我国家政服务业的经营规模达到 5 762 亿元,同比增长 27.9%,从业人员总量已超过 3 000 万人。发展家政服务业对于促进消费、改善民生、扩大就业有着十分重大的意义。

●[连维良]这次国务院办公厅印发的《意见》是一份含金量很高的政策性文件,有 36 条具体政策,也可以说是"家政 36 条"。主要内容可以归纳为"1234",即"一个目标""两个着力""三个行动""四个聚焦"。一个目标,就是按照高质量发展的要求,促进家政服务业提质扩容。提质,就是要通过提高家政从业人员素质、保障从业人员和消费者的合法权益、健全信用体系和标准体系等措施,提高家政服务业的供给质量,让人民群众用得满意,用得放心。扩容,就是要通过各种支持政策,激发更多社会力量参与，吸引更多劳动力从事家政服务，扩大有效供给，解决“找不到、买不起、用不好”等问题。两个着力，一是着力发展员工制企业，二是着力推动家政进社区。这两项措施是促进家政服务业提质扩容、高质量发展的关键措施。《意见》从加大税费减免力度、完善社会保险、灵活确定工时等方面，推动家政企业向专业化、规模化、品牌化的员工制企业转型。《意见》着力推动家政进社区，针对社区家政服务有效供给不足的短板，通过减税降费、租赁场地不受用房性质限制、水电等费用实行居民价格等措施，支持家政企业在社区设置服务网点，促进居民就近享有便捷服务。三个行动，即家政培训提升行动、“领跑者”行动和信用建设专项行动。家政培训提升行动，就是着眼于提升从业人员素质来提高家政服务质量，重点是完善培训体系，提升培训能力，力争到 2020 年累计培训 500 万人次，实现 100 万以上常住人口城市家政培训能力全覆盖；“领跑者”行动就是通过综合措施，遴选一批示范城市，打造一批示范社区，培育一批示范企业，形成一批家政服务知名品牌，充分发挥“领跑者”的示范作用，引领行业规范发展；信用建设专项行动，重点是推进家政企业、服务人员及消费者全面健全信用记录，充分实现信用信息共享，广泛开展守信联合激励和失信联合惩戒，做到“无信用，不上岗”。

●［连维良］四个聚焦，即聚焦降低成本、培养人才、完善保障和强化监管。一是聚焦降低成本。企业发展的痛点，主要在成本。通过完善增值税加计抵减、扩大员工制家政企业免征增值税的适用范围、支持家政企业发行企业债、放开社区家政网点租赁用房性质限制、完善社保补贴等方式，多措并举降低企业成本，进而实现从业者增收入，消费者少支出。二是聚焦培养人才。服务质量的提高，关键在人才。本科院校和职业院校增设一批家政相关专业、扩大招生规模、支持一批家政企业举办职业教育、建设一批实训基地、培育100家以上产教融合型家政企业、完善家政培训体系，提高从业人员素质，从源头上提高服务质量。三是聚焦完善保障。让供需双方能安心服务放心使用，关键在保障。通过推动改善从业人员居住条件，充分发挥工会组织作用，规范和完善从业人员体检服务，引导发展家政商业保险等措施，保障家政从业人员和消费者的合法权益，让劳动者干的安心，消费者用的放心。四是聚焦强化监管。行业的健康规范发展，需要有效的监管。《意见》提出建立健全标准体系、推广使用合同示范文本、建立家政从业人员持证上门制度、实行从业人员职业背景信息验证核查、家政行业协会完善行业规范等方式，推动行业规范有序健康发展。下一步，我们将会同有关部门全面落实《意见》，督促各项政策措施尽快落实到位、见到实效，切实推动家政服务业提质扩容，增强人民群众的获得感、幸福感和安全感。我先介绍这些，谢谢大家。

●［胡凯红］下面开始提问。提问前请通报一下所在新闻机构。

●［中央广播电视总台央视记者］在《意见》中我们看

到提出是要着力发展员工制的家政企业，推动家政进社区，但是经过初步估算，现在员工制企业在整个市场里占的比例是非常低的，请问未来如何去促进员工制家政企业的发展？关于家政进社区方面如何去调动企业的积极性？

●［连维良］感谢您的提问。促进家政服务业提质扩容，需要抓住关键、精准施策。您所关心的员工制家政和家政进社区，从现在看是家政服务业发展的短板，从未来看是发展的方向，同时也是更好保障从业者和消费者利益的长效机制，所以员工制家政和社区家政是促进家政服务业提质扩容的两大关键。发展员工制家政，对家政服务真正转向职业化、专业化、品牌化、规范化具有非常重要的意义。这次出台的《意见》对于员工制家政企业的发展明确了许多支持措施，归纳起来就是“六个支持”。一是减税降费支持；二是灵活用工支持；三是失业保险返还支持；四是公租房保障支持；五是培训费用减免支持；六是表彰激励支持。首先，税费减免支持。主要是扩大免征增值税的适用范围。具体说是扩大认定员工制家政企业的范围，只要签约员工自愿参加职工社保或者是居民社保，企业与员工、消费者签订规范的服务合同，同时进行持续的培训管理，这样的家政企业都可以免征增值税。第二，灵活用工支持。《意见》充分考虑家政服务行业的用工特点，通过在服务合同当中明确休息时间安排或补偿办法，允许供需双方协商确定灵活工时，一方面能够满足用户需求、保障从业者的休息权利，同时也能做到依法合规。第三，失业保险返还支持。对于不裁员或少裁员的家政企业，按规定返还失业保险费。第四，公租房保障支持。支持各地把符合条件的员工制家政从业人员纳入公租房保障范围，鼓励有条件的地方集中配租，以解决从业人员的居住问题。第五，培训费用减免支持。把符合条件的企业员工优先纳入免费岗前培训和免费提升培训范围。第六，表彰激励支持。将家政从业人员纳入五一劳动奖章、五一巾帼标兵、高技能人才等评选和评定范围。

●［连维良］通过这样“六个支持”，引导更多家政企业向规范的员工制家政企业发展，支持员工制家政企业做强做大，使从业者愿意来、留得下、稳得住，使消费者愿意用、放心用、持续用。你还关心怎样调动家政企业进社区的积极性。社区是家政服务的主要依托，同时也是消费者的首选，人民群众既希望家政服务质量好，也希望就近和便利。特别是我们国家目前人口老龄化和家庭小型化的程度都在加深，人民群众对社区家政服务的需求从来没有像今天这样旺盛和强烈。刚才讲到，去年家政服务业的营业收入增长27.9%，这是一个很高的增长速度。推动家政进社区，下一步重点是要解决三个难题，推动一个示范。解决三个难题，就是税费、用房、水电。税费，就是要更大力度的减税降费。具体来说就是要免增值税、减所得税、免征涉及不动产的“三税六费”。大家注意到财政部会同五部委在6月28日已经发布了公告，明确了这方面的政策，对于提供社区家政相关服务的收入免征增值税，并减按90%计入所得税纳税基数。对于承担或提供房产、土地用于社区家政服务的，免征“三税六费”，即契税、房产税、城镇土地使用税；城镇基础设施配套费、不动产登记费、耕地开垦费、土地复垦费、土地闲置费、防空地下室易地建设费。用房，实行更加灵活的用房政策。家政企业在社区设置服务网点租赁场地不受用房性质限制，商用、住宅等性质的房屋都可以开办网点。水电，更加优惠的用水用电政策。社区家政服务网点的水电费执行居民价格。推动一个示范带动。在刚才讲的“三个行动”中有一个“领跑者”行动，将培育一批家政服务示范社区，让这些示范社区发挥引领带动作用，使更多的家政服务企业见贤思齐，进入社区，服务社区居民。我们相信，通过这样一系列措施，家政服务业一定能够呈现蓬勃发展的良好态势。

●［中新社记者］我们注意到，现在中国家政服务人才里，高中以上文化的只有14.1%，这次《意见》也提到要支持院校新增家政服务专业，支持家政企业办职业教育，能否介绍一下目前中国家政服务人才培养的现状，存在哪些问题？接下来的工作目标和落实计划如何？谢谢。

●［教育部职业教育与成人教育司负责人　谢俐］教育部高度重视家政服务人才的培养培训工作，积极为家政服务业发展提供人才和智力支撑。目前主要做了三方面的工作。一是在专业设置方面，我们在中职、高职和普通本科的专业目录中设有家政服务与管理、家政学等数十个相关专业，开设相关专业点达到了3千多个。2019

年增设了智能养老服务、幼儿保育等中职专业，新设高职家政服务与管理专业点 72 个，同比增长了 132%。二是在创新人才培养模式方面，62 家单位围绕家政服务相关专业开展了现代学徒制试点，141 个职业院校养老服务类、健康服务类示范专业点发挥着示范辐射作用，例如长沙民政职业技术学院等，走出国门学习借鉴国际上一些先进的养老服务培养培训模式，宁波市政行企校协同依托宁波卫生职业技术学院成立宁波家政学院，积极承接政府和企业的培训项目。三是在改革人才评价模式方面，落实“放管服”改革和《国家职业教育改革实施方案》的有关要求，教育部、发改委、财政部和市场监管总局联合发文，在职业院校和应用型本科高校启动实施“学历证书＋若干职业技能等级证书”，我们简称是 1＋X 证书这样一个制度的试点工作。首批试点的老年照护职业技能等级证书，目前试点院校达到 234 家，覆盖在校生约 4 万人。

●［谢俐］同时，我们也要看到主要存在的一些问题。在家政服务人才培养还存在着专业设置和教学内容对接新业态、新模式不够，培养规模还有待进一步扩大，校企合作有待进一步深化等问题。面对这些问题，教育部将贯彻落实好这次发布的《意见》，重点做好以下三方面的工作。一是完善专业结构，扩大培养规模。对接家政服务业提质扩容的需要，完善专业目录，增补有关专业，引导和鼓励院校加强人才培养。每个省份原则上至少有一所本科高校和若干所职业院校开设家政服务相关专业。

高职扩招专项工作向家政等领域倾斜;扩大中高职贯通培养招生规模,支持家政服务从业人员通过高职扩招专项考试、专升本等多种渠道来提升学历。二是深化“三教”改革,提高培养质量。依托本科“双万计划”和职业教育“双高计划”,引导院校提高家政服务相关专业人才培养质量,把相关专业列为职业教育教师教学创新团队建设重点领域之一。以国家规划教材建设为引领,扩大优质教材的供给,组织院校和企业引进和借鉴国际先进培养培训经验。继续在家政服务领域遴选培训评价组织,参与1+X证书制度的试点,用好院校资源,育训结合,积极承担“雨露计划”、职业技能提升行动、“家政服务提升行动”等培训任务。三是深化产教融合,支持校企合作。会同发改委培育一百家以上产教融合型家政企业,加强相关领域产教融合型实训基地建设,支持符合条件的家政企业举办家政服务类职业院校,优先支持家政服务紧缺领域建设产学合作协同育人项目、职业教育校企深度合作项目,推动30家以上家政示范企业、50所以上有关院校组建职业教育集团。希望广大家政企业积极参与。我的介绍就到这里。

●[中国日报社记者]我们都知道国家发改委是国家宏观经济综合协调部门,在老百姓眼中关注的都是一些大事。为什么本次会关注到家政服务这样涉及千家万户的小事呢?背后有怎样的考虑?

●[国家发展改革委社会发展司司长　欧晓理]很高兴回答你的问题,大家知道国家发改委是我国宏观调控和综合协调部门，是党中央、国务院重要的参谋助手。这一次国家发改委会同有关部门研究起草并报请印发《意见》，主要有以下几个方面的考虑。一是中央有部署。党中央、国务院高度重视家政服务业发展。习近平总书记高度重视在发展中补齐民生短板，多次强调增进民生福祉是发展的根本目的，必须多谋民生之利、多解民生之忧。他还指出家政服务是朝阳产业，也是爱心工程，大有可为。李克强总理也强调，家政服务看似小，实则大，对促进就业、精准脱贫、改善民生、推动社会精细化分工，推动形成强大的国内市场具有重要作用，并要求发改委会同相关部门抓紧研究制定相应的政策措施。这次我委推动出台《意见》，就是坚决贯彻党中央、国务院的决策部署，践行以人民为中心的思想，坚持高质量发展的一项具体行动。二是社会有期盼。发展家政服务业是满足人民群众对美好生活需要的必然要求，是“小切口、大民生”的具体体现。随着我国人民生活水平的不断提升，消费能力的不断增强，城镇化进程的加快，全面两孩政策的推进实施，老龄化程度不断加深，全社会对居家养老、康复护理、育婴育幼、烹饪保洁等需求持续呈刚性增长。大家都期盼可以享受到价格合理、质量达标，用得安心、放心的家政服务，能够从繁复的家务劳动中解放出来。三是现实有短板。全社会对家政服务有很大的现实需求，刚才连维良副主任在介绍总体情况的时候也说到，2018 年家政服务业营业收入已经超过 5 700 亿元，增长速度接近 28%。我们还有一个判断，家政服务业在我们国家具有成为万亿级别产业的潜力，也就是它的发展前景是非常巨大的。但是长期以来，我们国家家政服务有效供给不足、行业发展不规范、群众满意度不高，一些负面事件还时有发生，人民群众对此反映很大，对扩大家政服务的供给、提升服务质量，规范行业发展的呼声非常高。因此，加快补齐这块民生短板，增强人民群众的获得感、幸福感、安全感不仅非常必要，也非常迫切。所以，家政不是小事，而是贯彻落实党中央、国务院决策部署，保障和改善民生，促进和扩大就业，推动形成强大国内市场的大事。“民之所望，政之所向”，下一步，我们还将继续建立工作机制，抓好《意见》的贯彻落实，确保各项政策措施能落地，见实效。

●［中央广播电视总台央广记者］目前我国已经形成了许多巾帼家政品牌，想请问下一步妇联将如何结合《意见》的落实，进一步做实做强巾帼家政？

●［全国妇联书记处书记　章冬梅］谢谢您的提问。全国妇联一直致力于推动促进家政服务业的发展。从上个世纪 80 年代开始，为解决城市下岗失业妇女、农村进城务工妇女的就业困难，各地妇联组织开始兴办家政服务机构，为广大妇女提供技能培训、就业推荐等服务，并以优质的家政服务、规范的管理，在社会上赢得了好口碑，逐步形成了山东阳光好大姐、江苏好苏嫂、安徽皖嫂、河南雪绒花、湖北木兰花、广西金绣球、甘肃陇原妹、贵州黔灵女等一大批具有地域特征、妇联特色、妇女特点的巾帼家政品牌。家政服务百姓需求，党和国家也高度重视，习近平总书记去年在和全国妇联新一届领导班子成员集体谈话的时候，也特别提出，家政服务既可满足家庭育儿养老现实需求，又能为妇女提供就业创业机会，是一件一举多得的善事。全国妇联要配合有关部门，把这项互利共赢的工作做实做好。下一步，妇联组织将积极配合发改委、商务部、人社部、教育部等部门，贯彻落实好促进家政服务业提质扩容意见，做实做强巾帼家政，为促进家政服务业提质扩容，实现高质量发展做出积极贡献。主要做好以下几方面的工作：一是要加强家政人才培养，与发改委、人社部、教育部一起共同实施“家政培训提升行动”，支持巾帼家政龙头企业和有关院校合作，打造一批巾帼家政产教融合实训基地，广泛开展家政服务员技能提升培训、职业经理人素质提升培训、家政服务师资人才培训，为家政发展培养行业紧缺人才、高技能领军人才、企业管理人才。同时，我们将和商务部一起，结合开展百城万村家政扶贫工作，在中西部欠发达省区建立一批巾帼家政劳务输出基地和巾帼家政服务人才培训基地，开展职业技能、职业道德等岗前培训，引导动员特别是贫困妇女通过从事家政服务脱贫致富。二是发挥示范引领作用。在今年515国际家庭日，全国妇联启动了家家幸福安康工程，实施家庭服务提升行动，由山东阳光大姐家政公司代表巾帼家政企业发出倡议，以诚信赢得尊重，用服务开拓市场，为家家幸福安康、社会和谐贡献力量。《意见》出台之后，我们也将与国家发改委、商务部、教育部等部门一起共同实施“家政服务业提质扩容‘领跑者’行动”，鼓励支持山东阳光大姐、江苏好苏嫂、安徽皖嫂等一批巾帼家政的龙头企业，在开展培训、完善服务标准、提高服务质量、加强信用信息建设、加强行业自律等方面形成示范引领效应。三是加大宣传表彰力度。将优秀的家政服务员和企业纳入到三八红旗手（集体）、城乡妇女岗位建功先进个人（集体）表彰范围，同时也将适时举办全国巾帼家政职业大赛，开展最美家政人故事征集活动，宣传树立一批诚实守信、服务规范、技能过硬、社会欢迎的家政服务员和巾帼家政企业，在全社会大力倡导诚实劳动、诚信经营、诚心服务的家政服务职业精神，大力营造关心、关注家政服务，尊重家政服务职业的良好氛围，激励、引导更多的妇女投身于家政服务行业的发展。

●［光明日报记者］请问商务部，在保障从业人员的合法权益、加强监管、促进行业规范化发展方面有哪些具体举措？谢谢。

●［商务部服务贸易和商贸服务业司负责人　朱光耀］您提了一个非常好的问题。商务部作为我国家政服务的行业主管部门，将会同有关部门贯彻落实好前面所提到的《意见》。重点从以下几方面做好行业的规范发展工作。第一，发展员工制家政企业。刚才国家发改委连维良副主任已经讲得很详细了，我就不再展开说了。第二，建立家政服务业的信用体系。应该讲，这是一项非常重要的工作抓手，日前商务部会同发展改革委印发了《关于建立家政服务业信用体系的指导意见》，按照政府引导、企业为主、分步实施、强化应用的原则，逐步建立起以信用监管为基础的新型监管体系。我们将以“家政服务信用信息平台”为基础，建立和归集家政企业和家政服务员的信用记录，为家政企业提供家政服务员的身份验证和犯罪背景核查服务，为消费者提供家政企业和家政服务员的信用查询服务，为社会公众提供家政企业信用查询服务。除此之外，还要探索建立家政服务消费者的信用记录，这可能是一个长远的目标。第三，提升家政服务的规范化水平。我们将会同有关部门完善家政服务行业的标准和规范，研究制定信用评价、服务分类等标准；研究制定家政企业服务质量第三方认证实施方案，引入第三方机构对家政企业的服务质量进行评价认证；鼓励家政企业做出优质服务的承诺，公开服务质量信息。第四，保障家政服务各方面的合法权益。进一步完善家政服务的合同示范文本，明确家政企业、服务员、消费者三方的权利与义务，推广家政服务电子合同。推动保险服务机构开发家政服务商业保险，多方筹集资金为家政服务员购买责任和意外保险，解除家政企业、家政服务员和消费者的后顾之忧。会同有关部门分类制定科学合理的家政服务员体检项目和标准，更好地为家政服务员提供体检服务。除此之外，我们也在考虑修订完善有关家政服务业的法规。2013 年，商务部颁布实施了《家庭服务业管理暂行办法》。现在来看，它跟新形势的发展，特别是和高质量发展的要求已经不很相符，所以存在修订完善的必要性。下一步，我们将会同有关部门从立法的角度，推动行业规范发展。

●［中央广播电视总台国广记者］《意见》提出将家政服务业纳入职业技能提升行动的工作范围，并把灵活就业的家政服务人员纳入培训补贴范围，所需的资金按规定从失业保险基金支持、职业技能提升行动专项资金中列支，请问如何将这条措施落实到位，是否会从1千亿元失业保险基金结余中划出一定比例的资金专项用于家政服务的培训？谢谢。

●［人力资源社会保障部、职业能力建设司负责人王晓君］家政服务业是满足家庭生活照料需求的服务行业，从业人员素质高低对用工家庭生活质量有较大影响。今年5月国办印发《职业技能提升行动方案（2019—2021年）》，明确提出围绕市场急需紧缺职业开展家政、养老服务等就业技能培训，强调加强职业技能、通用职业素质和求职能力等综合性培训，并对培训工作加大资金等政策支持力度，可以说正是顺应了这些社会急需紧缺职业供需双方迫切需要。职业技能提升行动方案明确对三大类重点群体开展培训，分别是企业职工、就业重点群体和贫困家庭劳动力及贫困家庭子女。政府补贴政策也是按群体划分，不能按某一行业职业切块，家政服务人员可以根据自身情况，享受相应的补贴政策。对于落实职业技能提升行动方案，做好家政服务人员培训工作，我部将与地方上下联动，重点做好以下工作。一是加强家政企业技能人员培训。根据现行政策，家政企业技能人员基本都能享受到职业培训补贴。符合条件的企业职工参加岗前培训、转岗转业培训、企业新型学徒制培训、技师和高级技师培训、以工代训等，都可以按规定享受职业培训补贴政策或参保职工技能提升补贴。在这里我想强调一点，希望家政服务相关企业能积极发挥职工培训主体作用，国家已经规定企业职工教育经费税前扣除限额提高至工资薪金总额的8%，又有了这么好的培训补贴政策，可以说企业培训成本非常低，而优质的员工必然会促进企业的良性快速发展，一定要用好用足国家政策。二是促进就业重点群体参加家政服务培训。贫困家庭子女、贫困劳动力、城乡未继续升学的初高中毕业生、农村转移就业劳动者、下岗失业人员、转岗职工、退役军人、残疾人可以参加政府部门组织的免费职业技能培训，符合条件人员培训期间还可以享受生活费补贴费。各地根据实际，可延长培训期限，适当提高培训补贴标准，提高培训质量，努力提升养老服务业从业人员的就业创业能力。三是改革完善技能人才评价制度，推动开展养老护理专业人才职业资格评价或职业技能等级认定工作。加快开发相应国家职业技能标准和评价规范。

● [新华社中国经济信息社记者]家政服务业，我们传统意识当中它并不是一个高科技的行业，也不是一个新兴产业，但是在这次提质扩容的意见当中，我关注到了有这么一个创新政策设计，就是提出要大力发展家政电商、互联网+家政等新业态，培育以专业设备、专用工具、智能产品研发制造为支撑的家政服务产业集群，我觉得这是一个比较创新的提法，所以想请教一下这样的政策设计的意图是什么，后续是否还会有一些新的政策部署推出？谢谢。

●［连维良］家政服务业既是一个传统产业，但是它也不断融入新业态、新方式、新内容。家政服务业是一个完整的体系，促进家政服务业的发展，就需要从家政服务业的各个环节来推动，所以《意见》提出，家政服务业要引入家政电商、“互联网＋家政”等新业态，引入成功的产业园区、产业集群建设思路，来推动家政服务业的发展。在这方面，我们需要做好三个引导：一是引导产业融合发展。特别是新兴产业的融合发展，互联网＋的方式对于产业的发展具有重大的推动作用，尤其是在人才培训、提升服务标准和服务规范、推广应用高水平家政产品和服务方面，互联网＋具有非常重要的作用。还要引导家政服务产业与关联产业融合发展。包括家政服务业同养老、托幼、托育的融合发展。比如，家政服务业和养老产业有密切关系，现在越来越多的老年人愿意选择居家或者在社区生活、养老，在社区养老当中，助餐、助行、托老等需求就成为老年人在社区或居家生活的重要需求，需要发展家政服务业去满足。推动家政服务业同养老产业的融合发展，要支持专业化的家政服务机构拓展养老、托幼、托育服务，也支持专业化的养老机构来拓展家政服务。二是引导功能对接。家政服务业能够更多地对接其他产业与家政服务相关的需求，壮大家政服务业的发展空间，同时降低家政服务业的运营成本。通过产业园区、产业集群等方式，集合发展，有利于资源共享，降低成本。三是引导共建共享。引导与关联产业在基础设施、人才培训、服务平台等方面实现共建共享，在信用建设方面实现共建共享。家政服务业既是传统产业，又融入了许多新业态的元素，特别是通过互联网＋家政，传统产业与新业态融合，关联产业深度融合，能够使家政产业拓展更大的发展空间。谢谢。

●［胡凯红］今天吹风会到此结束，谢谢连维良副主任，谢谢其他五位发布人，谢谢各位记者朋友，今天发布会到此结束。

国务院办公厅关于同意建立促进家政服务业提质扩容部际联席会议制度的函

国办函〔2019〕104号

发展改革委、商务部：

你们关于建立促进家政服务业提质扩容部际联席会议制度的请示收悉。经国务院同意，现函复如下：

国务院同意建立由发展改革委、商务部牵头的促进家政服务业提质扩容部际联席会议制度。联席会议不刻制印章，不正式行文，请按照国务院有关文件精神认真组织开展工作。发展家庭服务业促进就业部际联席会议同时撤销。

附件：促进家政服务业提质扩容部际联席会议制度

国务院办公厅

2019年9月29日

（此件公开发布）

附　件

促进家政服务业提质扩容部际联席会议制度

为贯彻落实《国务院办公厅关于促进家政服务业提质扩容的意见》(国办发〔2019〕30号)要求，进一步促进家政服务业发展，加强部门间的协调配合，经国务院同意，建立促进家政服务业提质扩容部际联席会议(以下简称联席会议)制度。

一、主要职责

在党中央、国务院领导下，统筹推进家政服务业提质扩容工作，做好规划协调、政策保障、监测评估和技术指导，研究解决家政服务业提质扩容过程中的重大问题，推动制定家政服务领域中长期发展规划和重大产业政策，促进家政服务专业化、规模化、网络化、规范化发展。完成党中央、国务院交办的其他事项。

二、成员单位

联席会议由发展改革委、商务部、教育部、公安部、民政部、财政部、人力资源社会保障部、住房城乡建设部、卫生健康委、人民银行、税务总局、市场监管总局、统计局、医保局、银保监会、全国总工会、共青团中央、全国妇联等部门和单位组成，发展改革委、商务部为牵头单位。

联席会议由发展改革委、商务部主要负责同志担任召集人，发展改革委、商务部分管负责同志担任副召集人，其他成员单位有关负责同志为联席会议成员（名单附后）。联席会议成员因工作变动需要调整的，由所在单位提出，联席会议确定。联席会议可根据工作需要增加成员单位。

联席会议办公室设在发展改革委、商务部，承担联席会议的日常工作，完成召集人交办的其他工作，办公室主任由发展改革委、商务部有关司局主要负责同志兼任。联席会议设联络员，由各成员单位有关司局负责同志担任。

三、工作规则

联席会议根据需要定期或不定期召开会议，由召集人或召集人委托副召集人主持。成员单位根据工作需要可以提出召开会议的建议。研究具体工作事项时，可视情召集部分成员单位参加会议，也可以邀请其他单位、有关地方和专家参加。联席会议以纪要形式明确议定事项并印发有关方面。重大事项按程序报告党中央、国务院。

四、工作要求

发展改革委、商务部要会同各成员单位切实做好联席会议各项工作。各成员单位要密切配合，认真落实联席会议议定事项，将党中央、国务院决策部署落到实处。联席会议办公室要加强对联席会议议定事项的跟踪督促落实，及时向各成员单位通报情况。

促进家政服务业提质扩容
部际联席会议成员名单

召 集 人：何立峰　发展改革委主任

钟　山　商务部部长

副召集人：连维良　发展改革委副主任

王炳南　商务部副部长

成　　员：孙　尧　教育部副部长

林　锐　公安部副部长

高晓兵　民政部副部长

余蔚平　财政部副部长

张义全　人力资源社会保障部副部长

黄　艳　住房城乡建设部副部长

王贺胜　卫生健康委副主任

朱鹤新　人民银行副行长

孙瑞标　税务总局副局长

田世宏　市场监管总局副局长

邢志宏　统计局总经济师

施子海　医保局副局长

周　亮　银保监会副主席

魏地春　全国总工会副主席

傅振邦　共青团中央书记处书记

章冬梅　全国妇联书记处书记

家庭服务业管理暂行办法

中华人民共和国商务部令

2012 年第 11 号

《家庭服务业管理暂行办法》已经 2011 年 11 月 7 日商务部第 56 次部务会议审议通过，现予公布，自 2013 年 2 月 1 日起施行。

部　长　陈德铭

2012 年 12 月 18 日

第一章　总　则

第一条　为了满足家庭服务消费需求，维护家庭服务消费者、家庭服务人员和家庭服务机构的合法权益，规范家庭服务经营行为，促进家庭服务业发展，制定本办法。

第二条　在中华人民共和国境内从事家庭服务活动，适用本办法。

本办法所称家庭服务业，是指以家庭为服务对象，由家庭服务机构指派或介绍家庭服务员进入家庭成员住所提供烹饪、保洁、搬家、家庭教育、儿童看护以及孕产妇、婴幼儿、老人和病人的护理等有偿服务，满足家庭生活需求的服务行业。

本办法所称家庭服务机构，是指依法设立从事家庭服务经营活动的企业、事业、民办非企业单位和个体经济组织等营利性组织。

本办法所称家庭服务员，是指根据家庭服务合同的约定提供家庭服务的人员。

本办法所称消费者，是指接受家庭服务的对象。

第三条 家庭服务的经营和管理，应当坚持社会效益与经济效益并重的原则。家庭服务各方当事人应当遵循自愿、平等、诚实、守信、安全和方便的原则。

第四条 商务部承担全国家庭服务业行业管理职责，负责监督管理家庭服务机构的服务质量，指导协调合同文本规范和服务矛盾纠纷处理工作。县级以上商务主管部门负责本行政区域内家庭服务业的监督管理。

第五条 县级以上商务主管部门引导和支持家庭服务机构运用现代流通方式，培育示范性家庭服务机构，提升行业规范化经营水平。

第六条 国家鼓励公益性家庭服务信息平台的建设，扶持中小家庭服务机构发展，采取各项措施促进行业规范发展。

第七条 家庭服务行业协会应当制定行业规范，加强行业自律，为会员企业提供服务，维护会员企业的合法权益，建立服务纠纷调解处理机构，调解处理家庭服务纠纷。

第二章 家庭服务机构经营规范

第八条 家庭服务机构从事家庭服务活动需取得工

商行政管理部门颁发的营业执照。

第九条 家庭服务机构应在经营场所醒目位置悬挂有关证照,公开服务项目、收费标准和投诉监督电话。

第十条 家庭服务机构须建立家庭服务员工作档案,接受并协调消费者和家庭服务员投诉,建立家庭服务员服务质量跟踪管理制度。

第十一条 家庭服务机构应按照县级以上商务主管部门要求及时准确地提供经营档案信息。

第十二条 家庭服务机构在家庭服务活动中不得有下列行为:

(一) 以低于成本价格或抬高价格等手段进行不正当竞争;

(二) 不按服务合同约定提供服务;

(三) 唆使家庭服务员哄抬价格或有意违约骗取服务费用;

(四) 发布虚假广告或隐瞒真实信息误导消费者;

(五) 利用家庭服务之便强行向消费者推销商品;

(六) 扣押、拖欠家庭服务员工资或收取高额管理费,以及其他损害家庭服务员合法权益的行为;

(七) 扣押家庭服务员身份、学历、资格证明等证件原件;

(八) 法律、法规禁止的其他行为。

第十三条 从事家庭服务活动,家庭服务机构或家庭服务员应当与消费者以书面形式签订家庭服务合同。

第十四条 家庭服务合同应至少包括以下内容:

（一）家庭服务机构的名称、地址、负责人、联系方式和家庭服务员的姓名、身份证号码、健康状况、技能培训情况、联系方式等信息；消费者的姓名、身份证号码、住所、联系方式等信息。

（二）服务地点、内容、方式和期限等。

（三）服务费用及其支付形式。

（四）各方权利与义务、违约责任与争议解决方式等。

第十五条　家庭服务机构应当明确告知涉及家庭服务员利益的服务合同内容，应允许家庭服务员查阅、复印家庭服务合同，保护其合法权益。

第十六条　鼓励家庭服务机构为家庭服务员投保职业责任保险和人身意外伤害保险。

第十七条　鼓励家庭服务机构加入家庭服务行业协会，自觉遵守行业自律规范。

第十八条　家庭服务机构、家庭服务员与消费者之间发生争议的，可以协商解决；协商不成的，可以向人民调解委员会、行业协会调解机构或其他家庭服务纠纷调解组织申请调解，也可以依法提请仲裁或者向人民法院提起诉讼。

第三章　家庭服务员行为规范

第十九条　家庭服务员应当如实向家庭服务机构提供本人身份、学历、健康状况、技能等证明材料，并向家庭服务机构提供真实有效的住址和联系方式。

第二十条　家庭服务员应符合以下基本要求：

（一）遵守国家法律、法规和社会公德；

（二）遵守职业道德；

（三）遵守合同，按照合同约定内容提供服务；

（四）掌握相应职业技能，具备必需的职业素质。

第二十一条 家庭服务员在提供家庭服务过程中与消费者发生纠纷，应当及时向家庭服务机构反映，不得擅自离岗。

第二十二条 消费者有下列情形之一的，家庭服务员可以拒绝提供服务：

（一）不能提供合同约定的工作条件的；

（二）对家庭服务员有虐待或严重损害人格尊严行为的；

（三）要求家庭服务员从事可能对其人身造成损害行为的；

（四）要求家庭服务员从事违法犯罪行为的。

第四章 消费者行为规范

第二十三条 消费者到家庭服务机构聘用家庭服务员时，应持有户口簿或身份证及相关证明，并如实填写登记表，交纳有关费用。

消费者或其家庭成员患有传染病、精神病或其他重要疾病的，应当告知家庭服务机构和家庭服务员，并如实登记。

第二十四条 消费者有权要求家庭服务机构按照合同约定指派或介绍家庭服务员和提供服务，消费者有权要求家庭服务机构如实提供家庭服务员的道德品行、教育状况、职业技能、相关工作经历、健康状况等个人信息。

第二十五条 消费者应当保障家庭服务员合法权益，尊重家庭服务员的人格和劳动，按约定提供食宿等条件，保证家庭服务员每天基本睡眠时间和每月必要休息时间，不得对家庭服务员有谩骂、殴打等侵权行为，不得拖欠、克扣家庭服务员工资，不得扣押家庭服务员身份、学历、资格证明等证件原件。

未经家庭服务员同意，消费者不得随意增加合同以外的服务项目，如需增加须事先与家庭服务机构、家庭服务员协商，并适当增加服务报酬。

第五章 监督管理

第二十六条 商务部建立家庭服务业信息报送系统。家庭服务机构应按要求及时报送经营情况信息，具体报送内容由商务部另行规定。

第二十七条 设区的市级以上商务主管部门应当建设完善家庭服务网络中心，免费提供家庭服务信息，加强从业人员培训，规范市场秩序，推进家庭服务体系建设，促进家庭服务消费便利化和规范化。

第二十八条 县级以上商务主管部门建立健全家庭服务机构信用档案和客户服务跟踪监督管理机制，建立完善家庭服务机构和家庭服务员信用评价体系。

第二十九条 县级以上商务主管部门积极会同相关部门，依法规范家庭服务机构从业行为，查处违法经营行为。

第三十条 县级以上商务主管部门指导制定家庭服务合同范本，指导协调服务纠纷处理工作。

第三十一条　县级以上商务主管部门应当公布有关家庭服务业的举报、投诉渠道和方式，接受相关当事人的举报、投诉。对于属于职责范围内的举报、投诉，应当在15日内依法处理；对于不属于职责范围的，应当移交有权处理的行政机关处理。

第六章　法律责任

第三十二条　家庭服务机构违反本办法第九条规定，未公开服务项目、收费标准和投诉监督电话的，由商务主管部门责令改正；拒不改正的，可处5 000元以下罚款。

第三十三条　家庭服务机构违反本办法第十条规定，未按要求建立工作档案、跟踪管理制度，对消费者和家庭服务员之间的投诉不予妥善处理的，由商务主管部门责令改正；拒不改正的，可处2万元以下罚款。

第三十四条　家庭服务机构违反本办法第十一条、第二十六条规定，未按要求提供信息的，由商务主管部门责令改正；拒不改正的，可处1万元以下罚款。

第三十五条　家庭服务机构有本办法第十二条规定行为的，由商务主管部门或有关主管部门责令改正；拒不改正的，属于商务主管部门职责的，可处3万元以下罚款，属于其他部门职责的，由商务主管部门提请有关主管部门处理。

第三十六条　家庭服务机构违反本办法第十三条、第十四条、第十五条规定，未按要求订立家庭服务合同的，拒绝家庭服务员获取家庭服务合同的，由商务主管部门或有关部门责令改正;拒不改正的,可处 3 万元以下罚款。

第三十七条　商务主管部门在家庭服务业监督管理工作中,玩忽职守、滥用职权、徇私舞弊的,依法给予行政处分;构成犯罪的,依法追究刑事责任。

第七章　附　则

第三十八条　省、自治区、直辖市商务主管部门可结合本地实际情况制定实施细则。

第三十九条　本办法自 2013 年 2 月 1 日起施行。

商务部　国家发展改革委关于建立家政服务业信用体系的指导意见

商服贸函〔2019〕269 号

各省、自治区、直辖市、计划单列市及新疆生产建设兵团商务主管部门、发展改革委：

为贯彻落实党的十九大关于推进诚信建设的精神，根据国务院常务会议要求、《国务院关于印发社会信用体系建设规划纲要（2014—2020）的通知》（国发〔2014〕21 号）、《国务院关于建立完善守信联合激励和失信联合惩戒制度加快推进社会诚信建设的指导意见》（国发〔2016〕33 号）、《国务院办公厅关于促进家政服务业提质扩容的意见》（国办发〔2019〕30 号）、《发展改革委、人民银行、商务部等 28 个部门关于对家庭服务领域相关失信责任主体实施联合惩戒的合作备忘录》（发改财金〔2018〕277 号）和《家庭服务业管理暂行办法》，加快推进家政服务业信用体系建设，规范家政服务业发展，满足人民群众日益增长的美好生活需要，着力提升人民群众获得感、幸福感、安全感，商务部、发展改革委决定推进家政服务业信用体系建设，现提出如下意见。

一、总体要求

（一）指导思想。

以习近平新时代中国特色社会主义思想为指导，全面贯彻党的十九大和十九届二中、三中全会精神，落实党中央、国务院关于社会信用体系建设的总体要求，以构建信用为基础的新型行业管理体系为目标，以推进家政服务员和家政企业信用记录制度化为重点，以健全完善家政服务业信用工作机制为保障，坚持守信激励与失信惩戒并举、行业自律与政府监管并重，建立健全家政服务业行业信用体系，营造诚实守信的家政服务业发展环境。

（二）基本原则。

——政府引导。商务、发展改革部门牵头建立跨部门协作机制，调动社会力量广泛参与，形成工作合力，解决家政服务业信用体系建设中的难点和堵点。商务主管部门加强对家政企业信用建设的监管，统筹推动家政服务业信用体系建设工作。发展改革部门要与商务主管部门共享社会信用数据和家政服务业管理所需的市场信用数据。

——企业为主。强化企业的主体责任，建立家政服务员信用记录，健全企业内部信用管理制度、消费者投诉处理制度和对家政服务员的信用监管机制，探索对家政服务员进行信用分类管理。

——分步实施。率先推动在大型家政企业特别是参加“百城万村”家政扶贫的家政企业中建立家政服务员信用记录，逐步向其他企业推广。

——强化应用。推动信用信息应用与服务，及时公布参与家政服务业信用体系建设的企业名单及相关信用信息，积极引导消费者在选择家政服务时优先考虑已建立信用记录且信用状况良好的家政企业和家政服务员。

二、主要任务

(一) 建立家政服务员信用记录。

家政服务员是指以家庭为服务对象,由家政企业指派或介绍进入家庭成员住所提供或在固定场所集中提供对孕产妇、婴幼儿、老人、病人、残疾人等的照护以及保洁、烹饪等有偿服务的专业人员。家政服务员信用记录(样例见附件1)内容包括:个人基本信息(身份证号码或按一定映射规则确定的信用代码、姓名、性别、民族、家庭住址、健康状况、教育水平、是否购买家政保险等),职业信息(从业经历、培训考核情况、处罚情况、消费者评价情况等),商务部与公安部提供的犯罪背景核查结果信息(身份真伪,五年内是否涉及盗窃案、拐卖妇女、儿童案、虐待案、故意杀人案、故意伤害案、强奸案、抢劫案、放火案、爆炸案,是否重症精神病人,三年内是否吸毒人员和制贩毒人员等)。

大型家政企业特别是参加“百城万村”家政扶贫的家政企业要在商务部业务系统统一平台家政服务业信息业务应用(以下简称“商务部家政业务平台”)上率先为所管理或服务的家政服务员建立信用记录。对已录用的家政服务员,上述企业要在“商务部家政业务平台”上线(上线通知另发)2个月内建立信用记录;对新录用的家政服务员,要在其入职后1个月内建立信用记录;对由其他企业流入的家政服务员,要主动掌握并记录其历史信用情况,原企业要如实提供相关信用信息。逐步推动所有家政企业为其管理或服务的家政服务员建立信用记录。家政企业要负责建立家政服务员信息核实机制，及时生成并更新相关信息。家政服务员离职后，其信用记录要保留5年以上。家政企业为家政服务员建立信用记录时，要将信用信息和家政服务员签署的《家政服务员信用信息授权书》(附件2)上传至“商务部家政业务平台”。

地级商务主管部门负责随机抽查辖区内家政企业上传的《家政服务员信用信息授权书》、服务合同、职业责任险等可以证明家政服务员职业的材料，防止企业上传非家政服务员信息。对于上传非家政服务员信息的，商务主管部门要进行约谈、通报，并将此行为记入家政企业信用记录；拒不改正的，商务主管部门将不再为该企业提供家政服务员犯罪背景核查服务；情节严重涉嫌违法的，将依法追究相关企业及人员的法律责任。

经家政服务员本人同意，消费者可查阅家政服务员的信用信息，家政企业要为消费者提供便利，并确保家政服务员信用信息的安全。对于违规泄露家政服务员信用信息的，商务主管部门要进行约谈、通报，并将此行为载入家政企业信用记录；拒不改正的，商务主管部门将不再为该企业提供家政服务员犯罪背景核查服务；情节严重涉嫌违法的，将依法追究相关企业及人员的法律责任。

(二) 建立家政企业信用记录。

家政企业是指依法设立，在家庭成员住所提供或以固定场所集中提供对孕产妇、婴幼儿、老人、病人、残疾人等的照护以及保洁、烹饪等有偿服务经营活动的企业、事业、民办非企业单位和个体经济组织。家政企业信用记录(样例见附件3)内容包括:企业基本信息(统一社会信用代码、名称、企业类型、地址、业务范围、法定代表人、状态等),商务主管部门的行政信息(商务执法处罚记录等),其他部门的行政信息(违法违规记录、奖励表彰情况、政府部门认定的企业信用等级等)。

地级以上城市商务主管部门要在"商务部家政业务平台"上线2个月内,利用"商务部家政业务平台"为辖区内大型家政企业特别是参加"百城万村"家政扶贫的家政企业建立信用记录,重点收集"黑名单"、行政许可和处罚信息,对认定为失信企业的,要将失信行为载入其信用记录。逐步推动为所有家政企业建立信用记录。商务主管部门为企业建立信用记录后,要及时将企业信用信息上传至"商务部家政业务平台"。

(三)建立省级家政服务业信用信息平台。

省级商务主管部门统筹本省(区、市)的家政服务员和家政企业信用记录建设工作,统一归集、管理和公开家政服务业信用信息;可利用"商务部家政业务平台"上的相关信用信息建立省级家政服务业信用信息平台,并与省级信用信息共享平台及时共享信息。有条件的地方,可探索建立消费者信用记录。省级家政服务业信用信息平台要公布参与家政服务业信用体系建设的家政企业名单及相关信用信息,并及时更新,供消费者在选择家政服务时参考。

(四)建立全国家政服务业信用信息数据库。

商务部依托"商务部家政业务平台"建立全国家政服

务员和家政企业信用信息数据库，并将相关信息及时与全国信用信息共享平台共享。省级商务主管部门要建立有效工作制度，组织督促家政企业和地级商务主管部门及时利用“商务部家政业务平台”为家政服务员和家政企业建立信用记录，确保信用记录信息质量和时效。商务部收到各地上传的信息后，将家政服务员有关信息与公安部相关数据库进行比对，通过“商务部家政业务平台”将家政服务员犯罪背景核查结果反馈至省、地级商务主管部门和家政企业。家政企业根据家政服务员犯罪背景核查结果及时完善家政服务员信用记录，供企业经营管理和消费者选人用人时参考。

（五）实施家政服务领域守信激励和失信惩戒机制。

建立和规范家政服务领域守信联合激励对象名单制度。对家政企业开展公共信用评价，将建立家政服务员信用记录且公共信用评价等级在“良＋”及以上的家政企业和信用记录良好的家政服务员纳入守信联合激励对象名单管理，通过“信用中国”网站、省级家政服务业信用信息平台等多种渠道公布，引导消费者在选择家政服务时优先考虑，在商贸活动中加大推介力度，并适当降低监管频次。

建立家政服务领域失信联合惩戒对象名单制度。依照《关于对家政服务领域相关失信责任主体实施联合惩戒的合作备忘录》（发改财金〔2018〕277号），对失信家政企业和家政服务员实施跨部门联合惩戒，公布失信联合惩戒对象名单，加大失信企业监管力度，提高检查频次，支持行业组织按有关管理规定，对失信主体实施限制会员资格、降低信用等级、公开曝光等惩戒措施。

三、保障措施

（一）加强组织领导。各地要高度重视家政服务业信用体系建设工作，将其作为履职尽责的重要抓手，作为保障和改善民生的重要途径，作为实现家政服务业高质量发展和满足人民美好生活需要的重要任务，强化责任意识，加强组织领导。要细化分工，明确完成时间节点，确保责任到人、工作到人、落实到人。

（二）完善政策措施。各地要统筹利用现有资金渠道支持家政服务业信用体系建设。商务、发展改革部门对于在建立家政服务员信用记录工作中表现较好的企业，要在扶持政策上予以倾斜。

（三）保护信息安全。商务主管部门、家政企业等机构要根据国家和地方信息安全有关法律法规，确保公民个人信息安全，采取合理的技术手段、管理制度和组织措施，避免数据被非法违规处理，避免数据发生毁损或丢失。建立信用信息纠错、修复机制，畅通信用修复渠道，丰富信用信息修复方式，制定信用信息异议处理操作细则。明确各类信用信息公示期限，对超过期限的信用信息不予公示。

（四）强化监督管理。广泛调动家政企业、家政服务员、消费者、第三方机构（行业协会、社会组织等）、新闻媒体等社会力量参与家政服务业信用体系建设。商务主管部门要加强对家政企业的指导。鼓励信用服务机构以市场需求为导向，依法采集家政服务市场主体信用信息，及时掌握市场主体信用状况，加大信用产品研发力度，有效识别和惩戒失信主体，提供信用调查、信用评估、信用担保、信用保险等信用产品和服务，为家政服务市场主体提供优良的交易环境及服务。对不积极履行主体责任的家政企业，商务主管部门要及时采取约谈、通报等措施，并依照《家庭服务业管理暂行办法》给予行政处罚。

（五）做好宣传推介。广泛利用传统媒体、门户网站、社交平台等媒介宣传报道家政服务领域信用建设的重要意义和工作进展，推介诚信典型主体，曝光严重失信主体，开展诚信主题宣传活动，弘扬诚信文化，营造诚信氛围。

商务部　发展改革委

2019 年 6 月 27 日

上海市商务委关于印发《上海市家政服务管理平台信息管理暂行办法》的通知

各区商务主管部门，各相关单位：

根据《上海市家政服务条例》（以下简称《家政条例》）的规定，为保障《家政条例》的有效实施，规范本市家政服务机构和家政服务人员的信息备案，以及上海市家政服务管理平台信息采集、查询和管理，市商务委制订了《上海市家政服务管理平台信息管理暂行办法》，现印发给你们，请遵照执行。

特此通知。

上海市商务委员会

2020 年 4 月 25 日

《上海市家政服务管理平台信息管理暂行办法》

第一章　总　则

第一条　（目的和依据）

为了保障上海市家政服务管理平台（以下简称“家政服务平台”）的有效运行，规范家政服务平台上的信息备案、信息采集和信息查询活动，根据《上海市家政服务条例》（以下简称《家政条例》）有关规定，制定本办法。

第二条　（适用范围）

本市家政服务机构和家政服务人员的信息备案，以及家政服务平台的信息采集、查询和管理，适用本办法。

第三条　（平台定位和职责）

家政服务平台是全市统一的家政服务行业综合管理信息系统，可发布行业政策、动态，归集行业信息，并依法为公众提供信息查询等公共服务。

市商务主管部门负责家政服务平台的组织建设和运行维护，并可以委托第三方进行家政服务平台运行管理和系统维护。

第四条　（基本要求）

在家政服务平台上的信息备案、信息采集应当遵循真实合法、及时准确的原则，信息查询应当便利社会公众，依法保障信息安全，对获取的商业秘密和个人信息予以保护。

第二章　信息备案

第五条　（家政服务机构备案）

在本市设立的家政服务机构，应当自设立登记之日起十五日内通过家政服务平台将以下基本信息向市商务主管部门备案：

（一）单位名称和统一社会信用代码；

（二）单位负责人；

（三）经营地址；

（四）联系方式。

家政服务机构开展前款规定的备案时，家政服务平台同步采集其资格资质、认证认可等其他有关信息。

前两款规定的信息发生变更的，家政服务机构应当在信息变更之日起十五日内通过家政服务平台备案。

对于能够通过本市“一网通办”平台实现数据共享的信息，家政服务机构可以不再重复提供。

第六条　（备案凭证）

家政服务机构完成备案的，可以通过家政服务平台自行打印机构备案凭证。

第七条　（备案注销）

出现以下情形之一的，家政服务机构应当于十五日内通过家政服务平台注销其机构备案信息。

（一）家政服务机构办理完毕注销登记手续；

（二）家政服务机构营业执照被吊销；

（三）家政服务机构签订的所有家政服务人员劳动合同、服务协议履行完毕或解除，不再从事家政服务经营活动。

家政服务机构应当在办理备案注销前，将其家政服务人员备案信息按照本办法第九条规定作出处理。

第八条 （家政服务人员备案）

家政服务机构应当在与家政服务人员签订劳动合同、服务协议或者签订居间服务协议之日起十五日内，通过家政服务平台将其家政服务人员的以下基本信息向市商务主管部门备案：

（一）姓名、身份证号码等身份信息；

（二）文化程度、资格资质、职业能力证书等能力信息；

（三）从业经历、健康检查等其他信息。

直接与用户建立家政服务关系的家政服务人员，可以自行将前款规定的信息在家政服务平台上备案。本市家政服务行业组织应当为家政服务人员自行备案提供指导。

第九条 （家政服务人员备案变更及注销）

出现以下情形之一的，家政服务机构应当于十五日内通过家政服务平台变更其家政服务人员备案信息。

（一）第八条第一款所述基本信息发生变化的；

（二）员工制家政服务机构与家政服务人员的劳动合同、服务协议解除、终止的；

（三）家政服务中介机构与家政服务人员的居间服务协议终止的。

家政服务人员不再从事家政服务活动的，家政服务机构应当于十五日内通过家政服务平台注销其备案信息。

直接与用户建立家政服务关系的家政服务人员备案信息发生变更的，可以自行在家政服务平台上办理变更及注销。

第十条 （家政人员备案的赋能待遇）

家政服务人员在家政服务平台上进行信息备案的，可以按照有关规定享受体检费用支持、相关保险费用补贴等待遇。

第三章 信息采集

第十一条 （业务信息的定期采集）

家政服务机构应当于每月10日前向家政服务平台报送以下家政服务业务信息：

（一）上一月度家政服务合同基本信息；

（二）上一月度用户对家政服务机构、家政服务人员的评价信息。

家政服务机构报送前款信息时，应当将涉及用户的身份证号码、住址等个人信息作保密处理。

第十二条 （用户评价信息的采集）

用户可以通过登录家政服务平台、扫描家政上门服务证二维码等方式，对与其建立家政服务关系的家政服务人员、家政服务机构进行满意度评价。

第十三条 （投诉处理信息的采集）

市、区商务主管部门应当将家政服务领域的投诉处理结果于投诉处理完毕后十五个工作日内归集至家政服务平台。

第十四条 （信用信息的采集）

家政服务机构、家政服务人员有关信用信息的采集，通过家政服务平台与企业信用信息公示系统、公共信用信息服务平台等的数据交换实现。

行业内惩戒信息由家政服务行业组织于作出惩戒后十五个工作日内向家政服务平台报送。

第十五条 （社会评价信息的采集）

家政服务行业组织可以按照《家政条例》的规定和相关地方标准，依照章程对家政服务机构和家政服务人员开展社会评价工作，并于每年1月31日前向家政服务平台报送上一年度家政服务行业社会评价结果等信息。

第四章 信息查询

第十六条 （政府查询）

本市政府部门、司法机关根据履行职责的需要，可以通过家政服务平台查询家政服务机构、家政服务人员的基本信息、服务评价信息和信用信息。

第十七条 （社会查询）

社会公众可以通过上海“随申办”APP、互联网等方式在家政服务平台查询家政服务机构和家政服务人员基本信息、社会评价结果信息。

第十八条 （查询记录）

信息查询记录应当自查询之日起在家政服务平台上保存三年。

第五章 管理和保障

第十九条 （信息真实）

家政服务机构、自愿备案的家政服务人员应当对其备案和报送的信息真实性负责。

公民、法人或者其他组织发现家政服务平台中信息不准确的，可以向市、区商务主管部门反映，并提供相关证明材料。市、区商务主管部门应当及时核实处理。

第二十条 （禁止行为）

商务主管部门、第三方及其工作人员在开展家政服务平台信息管理过程中不得实施下列行为：

（一）超越职权范围查询信息或者提供相关信息；

（二）篡改、虚构或者违规删除信息；

（三）泄露涉及商业秘密、个人隐私的信息；

（四）法律、法规和规章禁止的其他行为。

第二十一条 （监督检查）

商务主管部门应当对家政服务机构备案信息状况进行抽查，相关检查结果依法向社会公开。

商务主管部门应当按照《家政条例》第三十九条的规定，将发现的家政服务机构违法线索及时告知区市场监管部门。

第六章　附　则

第二十二条 （系统对接）

鼓励家政服务机构将自建业务管理系统或通过第三方业务系统与家政服务平台对接，直接报送本办法规定的各项信息。

第二十三条 （存量备案）

在《家政条例》实施前已经设立的家政服务机构，应在 2020 年 12 月 31 日前完成有关备案工作。

第二十四条 （实施日期）

本办法自 2020 年 6 月 1 日起实施，有效期两年。

上海市商务委关于印发《上海市家政上门服务证管理办法(试行)》的通知

各区商务主管部门,各相关单位:

根据《上海市家政服务条例》(以下简称《家政条例》)的规定,为保障《家政条例》的有效实施,规范本市家政服务机构家政上门服务证的办理、发放和管理等活动,市商务委制订了《上海市家政上门服务证管理办法(试行)》,现印发给你们,请遵照执行。

特此通知。

上海市商务委员会

2020 年 4 月 25 日

《上海市家政上门服务证管理办法(试行)》

第一条 （目的依据）

为进一步完善家政服务人员持证上门制度，根据《上海市家政服务条例》的有关规定，制定本办法。

第二条 （适用范围）

本市家政服务机构家政上门服务证（以下简称“上门服务证”）的办理、发放和管理等活动，适用本办法。

本办法所称的上门服务证，是由家政服务机构发放、行业主管部门监制，用于识别家政服务人员身份信息、从业信息，具有可查询、追溯、评价功能的标识。

第三条 （部门职责）

市商务主管部门负责监制上门服务证，明确样式、所载信息、编码规则、有效期限等事项。

市商务主管部门可以委托第三方，承担办证系统维护、信息核验等工作，提供上门服务证制作、补办等服务。

第四条 （上门服务证办理）

家政服务机构应当按照《上海市家政服务管理平台信息管理暂行办法》（沪商规〔2020〕4 号）的规定，为家政服务人员进行备案后，办理上门服务证；同时做好上门服务证管理和持证人员培训、管理工作。

第五条 （上门服务证制作）

家政服务人员向家政服务机构提交上门服务证相关

信息，家政服务机构应当向上海市家政服务管理平台（以下简称“家政服务平台”）提交上门服务证申领材料，通过家政服务平台核验后予以制证。

第六条 （上门服务证取得）

家政服务机构应当将其申领的上门服务证发放给家政服务人员使用。

家政服务人员应当及时通过家政服务平台激活上门服务证。

第七条 （上门服务证使用）

持有上门服务证的家政服务人员开展家政服务活动时，应当主动出示上门服务证，方便用户查询、评价。

用户可以通过扫描上门服务证二维码对家政服务人员及所属家政服务机构进行信息查询、服务评价。

第八条 （上门服务证挂失与补办）

上门服务证遗失或损坏的，家政服务人员应当及时告知家政服务机构。家政服务机构应当于五个工作日内为家政服务人员办理挂失和补办手续。

第九条 （上门服务证注销）

家政服务机构有以下情形的，可以向家政服务平台申请家政服务人员的上门服务证注销。

（一）员工制家政服务机构与家政服务人员的劳动合同、服务协议解除、终止的；

（二）家政服务中介机构与家政服务人员的居间服务协议终止的；

（三）其他应当注销的情形。

第十条 （监督检查）

市商务主管部门应当对其委托第三方的证件制作、系统安全等工作开展情况进行监督。

家政服务机构、家政服务人员在上门服务证的使用活动中发生违法行为的，应当依法承担相应责任。

第十一条 （实施日期）

本办法自 2020 年 6 月 1 日起实施，有效期两年。

上海市商务委员会　上海市市场监督管理局　上海市家庭服务业行业协会关于推广使用《上海市家政服务合同示范文本》的通知

各区商务主管部门，各区市场监督管理局、临港新片区市场监督管理局、市市场监督管理局机场分局，各相关单位：

为规范家政服务行为，维护合同各方当事人的合法权益，促进家政服务行业的健康发展，根据《中华人民共和国合同法》、《上海市家政服务条例》等有关规定，上海市商务委员会会同上海市市场监督管理局、上海市家庭服务业行业协会，对《上海市家政服务合同示范文本（2014 版）》进行了修改，制定了《上海市家政服务合同示范文本（2020 版）》（以下简称《家政服务合同》），并决定即日起在全市推广使用。现就有关事项通知如下：

一、即日起，在本市家政服务行为中的当事人均可使用《家政服务合同》，也可参照《家政服务合同》自行制定合同文本。

二、各单位应做好《家政服务合同》的宣传、推行使用和监督检查工作。

三、《家政服务合同》通过上海市商务委员会网站（sww.sh.gov.cn）、上海市市场监督管理局网站（scjgj.sh.gov.cn）、上海市家庭服务业行业协会网站（www.shhsia.

com.cn)予以公布。

四、《家政服务合同》由上海市商务委员会、上海市市场监督管理局、上海市家庭服务业行业协会联合制定,任何单位和个人不得出于商业目的擅自翻印和出售。今后在未制定新的版本前,本版本延续使用。

附件:上海市家政服务合同示范文本(2020 版)

上海市商务委员会
上海市市场监督管理局
上海市家庭服务业行业协会
2020 年 4 月 28 日

附件

上海市家政服务合同示范文本

(2020版)

上海市商务委员会
上海市市场监督管理局
上海市家庭服务业行业协会

使用说明

1. 本合同为示范文本，供本市家政服务三方当事人参照使用。

2. 经协商，三方当事人可以对本合同示范文本的条款内容（包括选择内容、填写空格部位的内容）进行选择、修改、增补或删减。

3. 签订合同时，对本合同示范文本中带“□”的选项，三方当事人约定同意的，在“□”内打“√”。

4. 为更好地维护三方当事人的权益，签订合同时应当慎重，签订合同前请仔细阅读，力求严密。需要另行约定具体条款的，须表述清楚。

5. 本合同示范文本自下发之日起使用，今后在未制定新的版本前，本版本延续使用。

合同编号：________________

家政服务合同

甲方(用户)：

乙方(家政服务机构)：

丙方(家政服务员)：

第一条　服务内容与要求

1-1　乙方向甲方推荐丙方，为甲方提供(请在“□”内打“√”)：

□一般家务；□照料孕、产妇与新生儿；□照料小孩；

□照料老人；□护理家庭病人；

□其他服务__________________________________。

1-2　乙方提供的服务管理内容为____________________。

1-3　服务要求____________________________________。

第二条　服务地点

____。

第三条　服务方式与期限

3-1　服务方式(请在“□”内打“√”)：

□钟点制　　□全日制　　□住家制

3-2　服务期限：________年____月____日至________年____月____日。

服务时间：每＿＿＿＿＿＿＿＿＿＿＿＿＿＿＿＿＿，＿＿＿＿＿＿＿＿＿时至＿＿＿＿＿＿＿＿时。

第四条　费用及其支付时间

4-1　甲方支付丙方服务报酬：人民币＿＿＿＿＿＿＿＿元/＿＿＿＿，支付时间：＿＿＿＿＿＿＿＿＿＿＿＿＿＿＿＿＿＿＿＿＿＿＿＿＿＿＿＿＿＿＿＿＿＿＿。

4-2　甲方支付乙方佣金：人民币＿＿＿＿＿＿＿＿元，支付时间：＿＿＿＿＿＿＿＿＿＿＿＿＿＿＿＿＿＿＿＿＿＿＿＿＿＿＿＿＿＿＿＿＿＿＿。

4-3　丙方支付乙方佣金：人民币＿＿＿＿＿＿＿＿元，支付时间：＿＿＿＿＿＿＿＿＿＿＿＿＿＿＿＿＿＿＿＿＿＿＿＿＿＿＿＿＿＿＿＿＿＿＿。

4-4　服务管理费：人民币＿＿＿＿＿＿＿＿元/年，甲、乙、丙三方协商约定，由＿＿＿＿＿＿＿＿向乙方支付。
支付时间：＿＿＿＿＿＿＿＿＿＿＿＿＿＿＿＿＿＿＿＿＿＿＿＿＿＿＿＿＿＿＿＿＿＿＿。

第五条　甲方权利义务

5-1　甲方有权要求丙方和乙方提供真实的身份信息，乙方应向甲方提供丙方的相关信息。

5-2　甲方有权要求乙方或丙方提供卫生健康部门认可体检单位的有效体检合格证明；甲方有特别要求的，丙方体检费用由甲方承担。

5-3　甲方有权要求丙方提供家政岗位培训及相关家政等级培训的证明。

5-4　甲方按照有关规定，可查验丙方的上门服务证并评价其服务。

5-5　甲方应在签订合同时出示有效身份证件，如实告知家庭成员是否患有传染性疾病、精神疾病等可能危及丙方健康和人身安全的其他严重疾病信息等。

甲方有权要求乙方、丙方对其提供的信息保密。

5-6 甲方应按本合同第四条约定向乙方、丙方支付相关费用。

5-7 甲方应尊重丙方的人格和劳动，对劳动过程中的注意事项应事先提醒，并妥善保管家中贵重物品。

5-8 甲方应为丙方提供安全的工作环境以及必要的劳动保护条件和休憩条件，对全日制和住家制家政服务人员应当给予每周____天的休息时间。

5-9 甲方不得强迫丙方提供合同约定以外的家政服务和可能对丙方人身安全造成损害的家政服务，不得谩骂、侮辱、虐待、殴打丙方。不得扣押丙方身份证、上门服务证、技能证明、健康证明等证件。

5-10 丙方在提供家政服务时发生意外事故的，甲方应及时采取必要的救治措施，并通知乙方。

5-11 约定服务期满，甲方如需要继续服务的，提前____天向乙方、丙方提出续约，甲方享有优先续约权。

5-12 甲方按照有关规定，到服务所在地相关部门为住家制家政服务员办理登记等手续。

第六条 乙方权利义务

6-1 乙方应对丙方身份信息进行查验，并留存相关有效证明的复印件。

6-2 乙方应督促丙方进行健康体检，要求丙方提供卫生健康部门认可体检单位的有效体检合格证明。

6-3 乙方应将丙方信息在家政服务管理平台上备案，并对丙方培训后发放家政上门服务证，定期更新完善从业信息。

6-4 乙方应对丙方的职业道德、工作技能、服务水平进行必要的培训和管理，为丙方建立个人职业信息档案。

6-5 乙方应对丙方提供必要的岗前培训，实行跟踪管理、监督指导，定期回访了解丙方的服务情况。

6-6 乙方不得扣押丙方身份证、技能证明、健康证明等证件。

6-7 乙方应当建立方便、快捷的家政服务投诉处理机制。对于甲方或丙方的投诉、反映的情况，乙方应当向甲方或丙方了解、核实情况，并作相应处理。

6-8 在本合同订立后，乙方应按照有关规定将本合同向家政服务管理平台备案。

第七条　丙方权利义务

7-1 丙方有人格和劳动受尊重的权利。

7-2 丙方有权拒绝提供合同约定以外的服务和可能对丙方人身安全造成损害的服务。

7-3 丙方应当如实向甲方和乙方披露本人的年龄、从业经历、服务技能、健康状况以及有无不良嗜好等情况。

7-4 开展家政服务时，丙方应向甲方出示家政上门服务证。

7-5 丙方在服务时间，应注意安全，规范操作，增强防火、防盗、防触电、防煤气中毒等安全意识。

7-6 丙方不得谩骂、侮辱、虐待、殴打甲方及甲方家庭成员；不得偷盗、骗取或者故意毁损甲方的财物；不得向他人泄露甲方的家庭成员情况、经济状况、工作或学习的地址、电话号码、住址、身份等相关隐私信息。

7-7 未经甲方同意,丙方不得私自带他人进入合同约定的服务地点。

7-8 服务时间,丙方不能提供服务的,应提前向甲方请假并取得同意。

第八条 保险及责任承担

8-1 甲方________(应填“同意”或“不同意”,打钩无效)委托乙方办理个人投保的家政服务责任保险,费用由________承担。

8-2 乙方________(应填“同意”或“不同意”,打钩无效)为□甲方、□丙方(请在“□”内打“√”)办理家政服务有关保险,费用由________承担。

8-3 丙方________(应填“同意”或“不同意”,打钩无效)委托乙方办理个人投保的家政人员意外综合保险,费用由________方承担。

第九条 合同的解除

有下列情形之一的,一方可书面通知其他两方解除本合同:

(1) 丙方、甲方及甲方家庭成员患有传染性疾病或严重精神疾病等危及健康和人身安全的情况;

(2) 甲方或丙方中,任意一方存在谩骂、侮辱、虐待、殴打等严重损害另一方身心健康行为的;

(3) 甲方强迫丙方提供合同约定以外的家政服务或

可能对丙方人身安全造成损害的家政服务的；

（4）丙方盗窃、骗取或者故意损毁用户财物、泄露用户隐私的。

第十条 违约责任

10-1 除本合同第九条情形外，甲方或丙方提前终止合同的，应提前________天提出，并向守约方支付________元违约金。

10-2 甲方逾期支付相关费用的，每天应按逾期未付费用的千分之________向乙方或丙方支付违约金。

10-3 甲方串通丙方脱离乙方管理、私签协议并接受服务的，按照合同约定的服务管理费的________%向乙方支付违约金。

10-4 其他违约责任

____。

第十一条 其他约定

____。

第十二条 争议解决方式

发生争议的，可协商解决；协商不成的，可按照《上海市家政服务条例》申请调解；也可向________仲裁委员会申请仲裁或依法向人民法院提起诉讼。

第十三条 附 则

13-1 本合同未尽事宜，可另行协商并签订补充协议。本合同补充协议与本合同具有同等法律效力。

13-2 本合同自三方签字或盖章之日起生效。本合同一式三份，甲、乙、丙三方各执一份。

甲方：

证件类型：________________

证件号码：________________　　联系电话：____________

住所(址)：____________________　　邮编：____________

签字/盖章：__________________

乙方：

社会统一信用代码：________________

法定代表人/负责人：____________

经办人：__________________　　联系电话：____________

住所(址)：____________________　　邮编：____________

签字/盖章：__________________

丙方：

证件类型：________________

证件号码：________________　　联系电话：____________

住所(址)：____________________　　邮编：____________

签字/盖章：__________________

签约日期：________年____月____日

图书在版编目(CIP)数据

《上海市家政服务条例》释义/上海市人大常委会法制工作委员会,上海市商务委员会编. —上海:上海人民出版社,2020
ISBN 978-7-208-16523-6

Ⅰ. ①上… Ⅱ. ①上… ②上… Ⅲ. ①家政服务-服务市场-市场管理-条例-法律解释-上海 Ⅳ. ①D927.510.229.45

中国版本图书馆 CIP 数据核字(2020)第 098487 号

责任编辑 夏红梅
封面设计 汪 昊

《上海市家政服务条例》释义

上海市人大常委会法制工作委员会 编
上海市商务委员会

出　版 上海人民出版社
(200001 上海福建中路 193 号)
发　行 上海人民出版社发行中心
印　刷 常熟市新骅印刷有限公司
开　本 850×1168 1/32
印　张 6.25
插　页 2
字　数 113,000
版　次 2020 年 7 月第 1 版
印　次 2020 年 7 月第 1 次印刷
ISBN 978-7-208-16523-6/D·3608
定　价 50.00 元